DESCUBRE TUS TALENTOS OCULTOS

Más de 40 formas de autoanalizarte para que logres aprovechar tu potencial oculto

Dr. Aparna Chattopadhyay

Dedicado a

El omnipresente y omnisciente Dios… en Quien vivimos y nos movemos y tenemos nuestro ser.

1a. edición, noviembre 2009.

© *Explore Your Hidden Talents*
Aparna Chattopadhyay
Pustak Mahal®, Delhi
© Original English Edition: M/S Pustak Mahal, INDIA.
This book has been published in collaboration with its original publishers M/S Pustak Mahal, INDIA.

© 2009, Grupo Editorial Tomo, S.A. de C.V.
Nicolás San Juan 1043, Col. Del Valle. 03100, México, D.F.
Tels. 5575-6615 • 5575-8701 y 5575-0186
Fax. 5575-6695
http://www.grupotomo.com.mx
ISBN-13: 978-607-415-142-8
Miembro de la Cámara Nacional
de la Industria Editorial No. 2961

Traducción: Lorena Hidalgo Zebadúa
Diseño de portada: Karla Silva
Formación tipográfica: Francisco Miguel M.
Supervisor de producción: Leonardo Figueroa

Este libro se publicó conforme al contrato establecido entre *Pustak Mahal®* y *Grupo Editorial Tomo, S.A. de C.V.*

Impreso en México - *Printed in Mexico*

RECONOCIMIENTO

Además del eterno apoyo y ayuda que me brindan mi esposo, B.N. Chattopadhyay, y mis hijas, Jaya y Rimjhim, quiero agradecer sinceramente al Sr. R.A. Gupta, director en jefe de Pustak Mahal por su apoyo y por darme ánimos para escribir este libro después de escribir mi segundo libro, *¿Cuál es tu coeficiente emocional?* Agradezco también al Sr. S.K. Roy, director ejecutivo de Pustak Mahal, por ayudarme siempre y por guiarme, lo cual permitió que este libro viera la luz del día.

Y sin orden alguno de importancia, estoy en deuda eterna con el poder invisible del Dios Supremo, quien determinó y aseguró el éxito de esta aventura creativa.

— Aparna Chattopadhyay

Nota del Autor

En las compañías modernas, los dramáticos cambios en tecnología, el ámbito internacional y la composición del lugar de trabajo han afectado en gran medida los cambios continuos. Los cambios en las estructuras organizacionales como resultado de fusiones, consolidaciones y expansiones se han vuelto una regla, más que una excepción.

El cambio en la economía mundial está afectando a cada individuo y está alterando el panorama de administración y las oportunidades de trabajo. Hoy en día, nos enfrentamos a un mundo de turbulencia e incertidumbre, en el que ya no podemos contar con un mundo estable que permanece siempre igual. La única constante es el cambio. Exige cambios en nosotros mismos, en nuestros enfoques, en nuestras habilidades, en nuestras actitudes y estrategias.

Todo esto requiere un desarrollo de las "habilidades de la gente", lo cual implica entender por qué la gente se comporta como lo hace. Ese conocimiento aumenta de manera importante la efectividad personal tanto del empleado como del empresario en cualquier organización.

Este libro ayuda a los empleados y a los directivos a mejorar en los aspectos de Recursos Humanos (RH) y Comportamiento Organizacional (CO). El objetivo es motivar a la gente en cuestiones organizacionales para desarrollar el trabajo en equipo y crear un clima de trabajo conducente. Este libro hace énfasis en la gente más que en el dinero, los materiales y las máquinas; se dirige al logro de metas.

También da importancia al conflicto entre el individuo y la compañía al hacer énfasis en los problemas sicológicos del trabajo como la enajenación, la frustración, la supresión de las necesidades superiores y subraya la necesidad de un mayor nivel de interacción entre las necesidades de los individuos y las demandas de su compañía.

El objetivo es desarrollar habilidades para satisfacer los nuevos retos que se presentan en el escenario laboral de hoy en día. Presenta conceptos fundamentales de la ciencia conductual y consejos sicológicos simples para lograr el éxito en el área del trabajo. Debido a que esto requiere el conocimiento y la puesta en marcha de varios conceptos probados de la ciencia del comportamiento, más la habilidad del "cronometraje" para hacer las cosas, este libro te ayudará a adquirir el conocimiento básico y también a desarrollar las habilidades de actitud y emocionales que necesitas para convertirte en un líder de alto rendimiento. Se enfoca en: (a) cambios de actitud, (b) cambios de conocimiento, (c) cambios de comportamiento individual y (d) cambios de comportamiento de grupo u organizacionales. Supone que los cambios en el conocimiento conducen a las habilidades humanas seguidas de cambios en la actitud, lo cual se traduce en el ambicionado camino al éxito.

No importa dónde estés, ni quién seas, ni qué hayas logrado, ni cuándo, ni cómo, ni por qué quizá no hayas alcanzado tus sueños —aquí tienes una oportunidad para hacer que tu trabajo sea exitoso. Pon en práctica estos principios de investigación sicológica al día a día de tu vida laboral y conquista tu éxito.

—Aparna Chattopadhyay

Contenido

¿Eres un líder del cambio? 11
¿Eres un buen directivo? 14
El poder del pensamiento positivo 17
¿Eres un líder de grupo transparente? 21
¿Eres conformista o provocas el cambio? 25
¿Eres un Director del Conocimiento? 29
¿Eres víctima de la codependencia? 32
¿Eres una persona de logros en tu compañía? 38
¿Eres racional en tus pensamientos
y comportamiento? 41
Revisión de estrés 44
Mide tu perfil de manejo del tiempo 51
Tus actitudes en el trabajo 56
Conoce tu lenguaje corporal 60
¿Eres capaz de combatir el estrés
del desempleo con resistencia emocional? 64
¿Eres capaz de contrarrestar la tensión? 69
¿Puedes manejar eficazmente los conflictos
en tu organización? 72
¿Puedes interactuar bien con los diferentes
tipos de personalidad? 77
Sueña y tendrás éxito 84
Da color al lugar donde trabajas 89
¿Puedes interactuar bien en organizaciones
interculturales? 92
Desestresa tu vida 97
¿Cultivas tus pensamientos? 104
¿Disfrutas tu trabajo? 108
¿Fomentas el desarrollo del trabajo en equipo
dentro de tu organización? 112

Las necesidades de los trabajadores. 115
¿Te gusta tu trabajo? 119
¿Tratas a hombres y mujeres por igual en tu trabajo?. . 123
¿Utilizas totalmente tu capacidad cerebral? 126
Aumenta tu éxito con imágenes positivas de ti mismo . 129
¿Qué tan creativo eres? 134
¿De qué manera interactúas dentro de tu grupo de trabajo? 139
¿Cuáles son los frenos en tu profesión?. 144
Conoce tu tipo de personalidad 147
¿Eres capaz de hacer que los demás se abran? 149
¿Eres un buen escucha?. 152
El método del autodesarrollo 155
Éxito o fracaso en tu trabajo 158
Échale un ojo a tu orientación de valores. 161
El aura 166
¿Y si me despiden? 170
¿A qué tipo pertenece tu compañía? 174
Confía en mí, sé trabajar en equipo 179
Por tu cuenta. 185
Tu estilo de vida influye sobre el resultado de tu trabajo 189
¿Tienes el potencial para reinventarte? 195
Tu tipo de personalidad ocupacional 197
Tu sicología de trabajo 200
¿Eres víctima de la trampa del logro?. 204
¿Eres un ganador?. 209
¿Te preocupas por la gente? 212
¿Trabajas con espiritualidad científica en tu ambiente de trabajo? 216
Tu cociente de conocimiento de temas multiculturales. 220

¿Eres un líder del cambio?

Es interesante que lo único que permanece constante, y de lo que podemos depender, es la inevitable ocurrencia del cambio. Como consecuencia, durante las décadas anteriores, en nuestras organizaciones ha habido importantes cambios económicos y tecnológicos que se han traducido en un verdadero reto para los profesionales del Departamento de Recursos Humanos. No sólo ha sido necesario encontrar y contratar empleados que tengan conocimientos básicos de negocios, sino también un entrenamiento constante para los directivos y empleados. Las nuevas tecnologías requieren reentrenamientos laborales y entrenamientos motivacionales, y como consecuencia, la compañía debe gastar enormes cantidades de dinero en ello. En 1991, McElwain sugirió que cincuenta millones de los trabajadores actualmente contratados en los Estados Unidos necesitan entrenamiento adicional, para desarrollarse a niveles personal y profesional y para mejorar su actitud en el trabajo. Como resultado, muchas compañías están dedicando grandes porcentajes de sus presupuestos a la obtención y el desarrollo del personal para elegir y entrenar a sus empleados y así, que sean capaces de manejar las complejidades del cambiante escenario tecnológico de hoy en día.

El cambio es inevitable y transitorio. No es bueno ni malo. Muchas personas consideran que el cambio es desestabilizador y que debe evitarse en la medida de lo posible. La clave está en reconocer que el cambio es neutral, es decir, que sucede y lo percibimos como bueno o malo según las circunstancias.

Para manejar el cambio de manera exitosa debemos permanecer flexibles y ser capaces de responder a lo que está pasando. Mientras más describamos al cambio como algo que sucede en el presente —y no como lo que debería suceder o lo que pueda pasar después— más fácil será trabajar con la gente para facilitarlo. La función más importante del líder del cambio es ayudar a las personas a comprender que tienen la habilidad necesaria para poner en marcha un cambio positivo y que ya están utilizándolo de manera efectiva en su vida, tanto en el trabajo como en sus casas.

Todo líder que ha cambiado tiene un estilo distinto y único en comparación a los estilos autocráticos, que participan con y apoyan a los estilos *laissez faire*. Estos estilos de liderazgo del cambio tienen la intención de manejar el cambio.

Responde el siguiente cuestionario para determinar hasta qué punto eres un líder del cambio. **Contesta las preguntas con Verdadero o Falso en caso de que estés de acuerdo o en desacuerdo con ellas:**

1. El cambio se facilita más si se desarrolla la propiedad en el proceso del cambio.
2. El liderazgo del cambio implica ayudar a la gente a tomar mejores decisiones frente a realidades actuales y después ayudarle a hacerse totalmente responsable de que se lleven a cabo dichas decisiones.
3. El poder es la habilidad de obtener lo que quieres, la resistencia es la capacidad de evitar lo que no quieres. La resistencia es, entonces, un subconjunto del poder, no del cambio.
4. La gente puede manejar mejor la resistencia al cambio de otros si primero entiende y acepta la propia.
5. La resistencia al cambio se maneja mejor si se le honra y no se suprime, se evita o se minimiza.
6. La gente no resiste el cambio; resiste al dolor o la amenaza de dolor.
7. Para llevar a cabo el cambio, el líder del cambio debe pedirlo y se espera que el grupo responda sin negociaciones.
8. Un líder del cambio debe estar involucrado en el cambio y negociarlo con el grupo.

9. El líder del cambio no sólo debe estar directamente implicado en hacer que ocurra el cambio. Debe enfocarse en la manera en que está funcionando el grupo y asegurarse de que todos tengan oportunidad de expresar sus puntos de vista, y que los temas de conflicto se manejen de manera razonable.
10. El líder del cambio debe crear el cambio y/o ponerlo en marcha, y entonces desentenderse del grupo.
11. La visión de los empleados del líder del cambio debe anteceder a la de la compañía.
12. Antes de pretender cambiar a los empleados, es imperativo que el líder haga cambios en sí mismo.

Puntuación

Da un punto por cada respuesta "Verdadera".

Interpretación

9-12: Eres un excelente líder del cambio que sigue un proceso de cambio productivo y entiende la dinámica del cambio organizacional, sus fases y complejidades. Tienes aptitud para presentar el cambio así como para trabajar productivamente con la resistencia.

5-8: Eres un líder del cambio bien equilibrado y afrontas de manera suave las situaciones de cambio en tu compañía.

1-4: Parece que te falta comprender las bases de la dinámica del cambio. No debes olvidar que el papel del líder del cambio es proporcionar un proceso que facilite un cambio específico de manera efectiva, con un mínimo de alteraciones y un gran apoyo por parte del grupo. Puedes comenzar o poner en marcha el cambio a través de un miembro del grupo, no necesariamente tienes que hacerlo tú. Tienes que ser más proactivo. Si los cambios se planean y se ponen en marcha de manera eficaz, y si se apoyan con el entrenamiento adecuado, los resultados pueden medirse en términos de mayor productividad, una moral más alta, mayor calidad y una reducción de costos.

■◆■

¿Eres un buen directivo?

El desarrollo de los recursos humanos y de la potenciación de los empleados ha llamado la atención en años recientes y se considera que es esencial para el éxito de cualquier empresa. Es muy común que las condiciones ambientales y las condiciones de trabajo contribuyan a la potenciación o desautorización, así como a la pérdida de habilidades y de motivación de los empleados. Los directivos de las compañías deben dedicar toda su atención a desarrollar las condiciones adecuadas en sus lugares de trabajo para dar energía y potenciar a sus empleados.

Importantes estudios a este respecto sugieren un análisis de las condiciones que provocan una sensación de carencia de poder; la puesta en marcha de estrategias adecuadas de dirección como compartir la información y proporcionar autonomía a los empleados para mejorar su efectividad, creatividad e iniciativa. Los factores administrativos como el trabajo burocrático, los estilos dominantes de supervisión, un sistema inadecuado de gratificación y de diseño del trabajo, falta de autonomía e influencia, etc., han estado fuertemente asociados a la carencia de poder y desilusión de los empleados.

Estudios sobre las compañías revelan que el ingreso y los servicios como la vivienda, los servicios de salud, las instalaciones de agua potable, el cuidado médico, los servicios para las mujeres, un ambiente seguro, etc., también pronostican satisfacción en la vida. Dichas condiciones objetivas están íntimamente relacionadas a la satisfacción, confianza y apoyo, comportamiento supervisor y las relaciones entre iguales, y la naturaleza del trabajo en el lugar de trabajo.

Los directivos que tienen una gran necesidad de influir de manera dominante / autoritaria tienden a crear un clima de trabajo interpersonalmente agresivo y competitivo en la empresa, lo cual se traduce en hostilidad en lugar de promover el trabajo en equipo, la cooperación y la participación.

Contesta el siguiente cuestionario y averigua si tu estilo como directivo es dominante o integrador.

Como directivo haces un esfuerzo consciente para proporcionar las siguientes oportunidades a tus empleados: ______

1. Oportunidad de aprender algo nuevo, como habilidad técnica y de liderazgo, trabajo técnico, nuevos empleos, etcétera.
2. Incentivos extra para los empleados como educación para sus hijos, servicios médicos para sus familias, etcétera.
3. Buenos aumentos de salario.
4. Buenas relaciones entre subordinados y supervisores.
5. Instalaciones adecuadas para beber agua y cafetería.
6. Retroalimentación y reconocimiento genuino por su buen trabajo.
7. Respetar sus puntos de vista y sugerencias.
8. Proporcionarles una buena variedad de actividades en sus funciones.
9. Que sus capacidades y habilidades tengan un amplio campo de acción en sus labores.
10. Buenas instalaciones de recreo.
11. Buena influencia sobre las decisiones que impliquen su propio bienestar e interés.
12. Libertad para realizar su trabajo sin que los supervisores interfieran.
13. Reconocer su aptitud para hacer bien su trabajo.
14. Darles información actualizada sobre los eventos de la compañía.

Puntuación

Da un punto por cada respuesta positiva **(sí)**.

Interpretación

De **10 a 14:** Estilo de líder integrador y democrático.
De **5 a 9:** Orientado a otorgar poder a los empleados.
De **0 a 4:** Estilo de líder dominante.

El poder del pensamiento positivo

Tus pensamientos son el arquitecto de tu destino. La mente humana es como una máquina inalámbrica. Mientras que la luz viaja a una velocidad de 1,86,000 millas por segundo, los pensamientos viajan prácticamente al instante. El pensamiento es más fino aún que el éter, el medio de la electricidad. Existen fuerzas activas en el universo. Una mente positiva y en equilibrio emana al mundo ondas armoniosas de pensamiento, las cuales viajan en todas direcciones a la velocidad de la luz y entran a la mente de las personas, y también producen en ellas pensamientos similares de armonía y paz. En contraste, una mente negativa llena de resentimiento, celos y venganza envía pensamientos discordantes que entran a la mente de mucha gente y provocan en ella pensamientos negativos similares. Cuando un pensamiento, ya sea bueno o malo, cruza por la mente de una persona da lugar a vibraciones en la atmósfera mental y éstas viajan lejos en todas direcciones.

El pensamiento es una fuerza dinámica y nos la proporciona la comida. Si la comida es pura, el pensamiento también se vuelve puro. Aquel que tiene pensamientos puros tiene una palabra poderosa y deja impresiones profundas en la mente de quienes lo escuchan. Influye sobre miles de personas a través de sus pensamientos puros, puesto que el pensamiento tiene un poder enorme. Puede sanar enfermedades y transformar la mentalidad de las personas. El pensamiento puede hacer cualquier cosa; puede hacer maravillas. Su velocidad es inimaginable. Si aprendemos el arte de cultivar el pensamiento podemos utilizarlo para vivir una vida dinámica, abundante, de triunfo, de gozo y positiva. Sri Swami Sivanada, fundador de la Sociedad de la Vida Divina en la India, sostenía que la mente era el centro de varios poderes sobrenormales y que domina varias facultades superiores para la trascendencia del pensamiento, lo cual conduce al hombre al reino del Entendimiento Divino y resplandece en la conciencia infinita. Tú también puedes lograr la perfección por medio de la disciplina del pensamiento y utilizar tu capacidad de liberar vibraciones de pensamiento sanas, constructivas e inspiradoras para alcanzar paz, felicidad y plenitud de Dios, lo cual es el objetivo, significado y destino final de toda la vida en la tierra.

Contesta a las siguientes preguntas de manera espontánea con un "Sí" o "No" para medir el nivel de tu cultura del pensamiento.

¿Qué tan a menudo:

1. Te das cuenta del estado divagante de tu mente y poco a poco la llevas a un solo pensamiento positivo?
2. Tratas de purificar y sublimar tus pensamientos al escuchar, contemplar, tomar y meditar sobre cosas favorables?
3. Practicas Yoga mental para modificar, influir y controlar las profundidades subconscientes de tu mente (es decir, tomando un rasgo negativo y meditando sobre su virtud positiva como la piedad, el amor, la pureza, el perdón, la generosidad, etcétera) cada mañana?
4. Disciplinas tu patrón de pensamiento para evitar cualquier pensamiento sobre los vicios y defectos de los demás para que puedas aumentar tu concentración, Yoga y espiritualidad?
5. Te recuerdas que, puesto que el último pensamiento de una persona en el momento de su muerte determina su siguiente nacimiento y gobierna su próximo destino (como se plantea en el capítulo vii-6 del *Bhagavad Gita*), tú debes liberarte de los pensamientos mundanos y reacondicionarlos en el nombre de Dios durante tu vida, de manera que también se vuelvan el último pensamiento dominante en tu vida?

6. Haces relajación mental cerrando tus ojos por un momento y pensando en imágenes como montañas pintorescas, las frescas aguas de un río, un hermoso valle de flores, un imponente castillo, la vasta extensión del cielo infinito, etcétera?
7. Logras controlar de inmediato cualquier pensamiento angustioso en tu mente con la facilidad con la que quitas una piedrita que te molesta en el zapato?
8. Haces la afirmación positiva de que la autocompasión y la infelicidad son la consecuencia inevitable de cualquier rompimiento consciente de las relaciones?
9. Afirmas y crees que tienes una base muy sólida y una fuerza interior para enfrentar las cosas con seguridad en ti mismo y éxito?

Puntuación

Da un punto por cada **"Sí"** que hayas respondido.

Interpretación

Si tu puntuación va de:

7 a 9: Eres una de esas almas bendecidas que ha canalizado de manera positiva la fuerza de su pensamiento y ha obtenido la victoria sobre sus pensamientos negativos. Tu pensamiento está dotado de poder creativo. Posees el poder de ayudar a la gente y de sanar sus mentes atormentadas. Tienes un enorme potencial para vivir en plenitud.

4 a 6: Tienes un buen sentido de control sobre tu proceso de pensamiento como el hombre sabio que construye una isla que ninguna inundación es capaz de destruir. Tu pensamiento purificado revive todo tu estilo de vida y la enriquece positivamente.

1 a 3: ¡Cuidado! Tienes un largo camino que recorrer para cultivar tus pensamientos. Analiza tus pensamientos y cambia su dirección. No conserves pensamientos de deseos artificiales. Por medio de tus propios pensamientos destruyes o construyes tu mundo. La ley de la reacción es tan implacable que, cualquier cosa que albergues en el rincón más profundo de tu corazón, se manifestará en tu mundo exterior. Debido a que las fuerzas de tu pensamiento están siempre en funcionamiento, disciplina y mejora tus pensamientos. Existen tres aspectos en tu vida presente —el físico, el mental y el espiritual. Estás muy arraigado al físico. Colócate por encima de él atesorando el pensamiento de que no sólo eres un cuerpo, que estás viviendo en él por un corto periodo. Envía un constante pensamiento de amor y buena voluntad a toda la creación. Tu recompensa especial serán la felicidad y una vida positiva.

■♦■

¿Eres un líder de grupo transparente?

Hay estudios que muestran que la autorrevelación o "transparencia" del líder está correlacionada a la productividad, creatividad y crecimiento personal de su grupo. La teoría de la Confianza, Apertura, Realización e Interdependencia (CARI) se ha aplicado a entrenamientos de grupo y equipo en sistemas industriales, educativos y religiosos, y reveló que, cuando el nivel de confianza es alto, el comportamiento de los miembros del grupo es más personal, más abierto, más autodeterminante y más independiente. Cuando el nivel de confianza es bajo, el comportamiento de los miembros se vuelve más impersonal, cerrado, determinado por lo que se debe hacer, más dependiente y contradependiente. Dies & Cohen (sicólogos estadounidenses de Maryland) llevaron a cabo un estudio que reveló que los miembros manifestaron preferencia por un líder que confíe en sus capacidades de liderazgo y en su estabilidad emocional, que esté dispuesto a compartir esfuerzos positivos (metas personales y profesionales) y experiencias emocionales normales como preocupación y ansiedad, y sentimientos de orgullo, soledad, tristeza, impotencia y enojo.

Por otro lado, los miembros expresaron que tenían dudas sobre si era adecuado que el líder confrontara personalmente a los miembros, en especial durante las sesiones de grupo, con sentimientos negativos como desconfianza, enojo, prejuicio y arrogancia o que se mostrara crítico de la experiencia del grupo al admitir sentimientos de frustración, aburrimiento o distanciamiento.

El siguiente cuestionario representa una variedad de temas que los líderes de las organizaciones pueden compartir con los miembros de su grupo. Las afirmaciones están redactadas de manera que incluyan temas externos pasados y presentes y actitudes actuales, así como sentimientos del líder hacia él mismo, hacia los miembros del grupo o hacia todo el grupo.

Debes indicar qué tan benéfico o perjudicial crees que sería que compartieras cada afirmación dentro del contexto de las interacciones de tu grupo. Para cada oración escribe el número que mejor represente tu sentir acerca de esa revelación personal. La secuencia de los números revelará tus sentimientos: 7, Muy benéfico; 6, Benéfico; 5, Algo benéfico; 4, Neutral; 3, Algo perjudicial; 2, Perjudicial; 1, Muy perjudicial.

Responde de acuerdo a tus propias creencias y no según la manera en que crees que otros contestarían. También responde como si cada afirmación fuera verdad para ti.

Afirmaciones

Temas que podría compartir con mi grupo:

1. Sentimientos de culpa sobre mi psique.
2. Si, como adulto, lloro o no cada vez que me siento triste.
3. El mayor tema de desacuerdo que tengo (o he tenido) con mis padres.
4. Una de las peores cosas que me han sucedido.
5. Ocasiones en las que estuve a punto de tener, o tuve, problemas con la ley.
6. Momentos en los que me he sentido indefenso.
7. Momentos en los que no he sido confiable.
8. Momentos en los que me he sentido desanimado en el trabajo.
9. Experiencias anteriores de fallo como líder de grupo.
10. Momentos en los que he fingido estar enfermo o he querido salirme de algo.
11. Si soy capaz o no de explotar cuando me enojo.
12. Mis metas en el ámbito profesional.
13. Cómo creo que me perciben mis compañeros de trabajo, por ejemplo, si creen que soy competente.

14. Cuánta independencia siento que necesito.
15. Los aspectos de mi personalidad que no me gustan, que me preocupan o que considero que son una desventaja.
16. Cómo me siento cuando me critican severamente.
17. Preguntas sobre mi estabilidad emocional.
18. Si admito que tengo varios conflictos similares a los que tienen los miembros de mi grupo.
19. Sentimientos de ansiedad o incertidumbre acerca de mi liderazgo.
20. Qué sentimientos me cuesta trabajo expresar o controlar.
21. Sentimientos de cariño hacia algún miembro del grupo.
22. Mi sentimiento de separación del grupo.
23. Qué me disgusta de algún miembro del grupo.
24. Momentos en los que tuve, o estuve a punto de tener, un enfrentamiento con mi grupo.
25. Qué me preocupa de la aceptación de los miembros del grupo.
26. Mis sentimientos de protección hacia algún miembro específico del grupo.
27. Miedo a que el grupo falle.
28. La preocupación de que yo sea menos sensible que algunos miembros del grupo.
29. Que siento que soy inferior a otros miembros del grupo.
30. Que siento que es ridículo lo que están haciendo otros miembros del grupo.

Puntuación

Los temas del 1 al 10 son acerca de revelar tu historia personal como líder del grupo. Suma tu puntuación a estos temas y divide el resultado entre 10 para obtener tu promedio de servicio en esta área. Escribe aquí tu resultado promedio:

Los temas del 11 al 20 se enfocan en tus características personales y en tu divulgación de características personales actuales. Suma tus resultados y divide el resultado entre 10. Escribe aquí tu resultado promedio:

Los temas del 21 al 30 contienen reacciones a lo que está pasando en el grupo y a los miembros, por ejemplo, tus reacciones actuales. Suma tus resultados de esos diez temas y calcula tu promedio aquí:

Interpretación

Escribe una "X" en el número correspondiente a tu promedio en cada secuencia y compara tus creencias acerca de lo que es benéfico que, como líder del grupo, compartas con los miembros del grupo en las juntas.

	Muy benéfico			Neutral			Muy perjudicial
Historia personal							
	7	6	5	4	3	2	1
Características personales							
	7	6	5	4	3	2	1
Reacciones actuales							
	7	6	5	4	3	2	1

■♦■

¿Eres conformista o provocas el cambio?

Linda Moore, en su libro *Libérate de la impotencia: una guía para que tomes el control de tu vida* (1991) utiliza la intrigante metáfora "no salirse de la raya" para expresar el comportamiento de un conformista que hace sólo lo que se le dice. En una caricatura de Snoopy, al ver que la boleta de calificaciones de Sally tiene sólo dieces, Charly Brown le pregunta cómo lo hace. Ella le explica que es una buena estudiante, que no es desidiosa y que hace lo que le dicen. "Y", añade, "¡no me salgo de la raya!"

Es interesante que la justificación de Sally por su boleta perfecta es de carácter conductista. Es claro que aprendió una importante lección: El comportamiento es igual de importante —o quizá más— que el rendimiento sustancial. Desgraciadamente, el comportamiento que le provoca unas buenas calificaciones hoy —en particular haciendo sólo lo que se le dice y coloreando sin salirse de la raya— un día puede traducirse en resultados improductivos y frustrantes, patrón al que llamamos conformidad o codependencia. Este patrón conduce a un repertorio de comportamiento restrictivo, pone límites. Estrecha la visión y restringe el estilo personal. No nos permite la libertad de hacer nada que no sea colorear perfectamente dentro del contorno antes dibujado. Crea problemas en el lugar de trabajo. En algunas clases de trabajo mecánico como manejar los libros en una biblioteca o dar mantenimiento a los motores de los aviones, o cuando hay pocos problemas y las soluciones son directas dentro de un ambiente de estabilidad, el patrón de "colorear sin salirse de la raya" funciona bien.

Pero cuando se requiere iniciativa, creatividad y flexibilidad, entonces es más que obvia la limitación impuesta por la conformidad y la codependencia. La codependencia atrapa a las organizaciones, y también a la gente, dentro de barreras angostas, asfixia a la imaginación e inhibe el desarrollo y la adopción de situaciones nuevas o iniciativas. Interfiere con la capacidad de la gente para manejar los conflictos, comunicar la información y compartirla, construir relaciones y mantenerlas y trabajar de manera inteligente.

Hoy en día, el mundo está lleno de cambios y retos que difícilmente cumplirán nuestro deseo de trabajar en un ambiente estable y las exigencias de un ambiente de trabajo que está en renovación constante ofrecen cada vez menos posibilidades para los individuos codependientes o conformistas.

Responde al siguiente cuestionario para descubrir qué tipo se adecua a ti.

1. ¿Te cuesta mucho trabajo complacer a los demás, en particular a las figuras de autoridad?

   Sí/No

2. ¿Te vuelves un perfeccionista que exige demasiado o un mártir demasiado responsable o un trabajador obsesivo para evitar involucrarte en las relaciones importantes?

   Sí/No

3. ¿Eres capaz de lidiar con tus diferencias compartiendo tus sentimientos sobre ellas con tus compañeros de trabajo?

   Sí/No

4. ¿Eres capaz de llevar una comunicación abierta y directa dentro de tu compañía?

   Sí/No

5. ¿Estás dispuesto a decir "no" para evitar malas noticias?

   Sí/No

6. ¿Tu comportamiento codependiente como director ha provocado consecuencias en tu empresa como aislamiento,

desorganización, manipulaciones, itinerarios ocultos, promesas sin cumplir y mentiras?

Sí/No

7. ¿Sientes que no encajas en la naturaleza de renovación del servicio al cliente que exige una nueva generación de trabajadores -empáticos, flexibles, creativos y capaces de trabajar con niveles mínimos de supervisión?

Sí/No

8. ¿Posees las cualidades y patrones de comportamiento necesarios para trabajar de manera inteligente -como concentrar tu tiempo, tu energía y tus recursos en las tareas a realizar, establecer prioridades y hacer buen uso de los recursos humanos, materiales y financieros de la compañía?

Sí/No

9. ¿Necesitas límites bien establecidos y te sientes ansioso ante el cambio?

Sí/No

10. ¿Resientes fuertemente los cambios en el diseño de la oficina como trabajar en un lugar abierto con varios escritorios para estimular reuniones de improviso y la comunicación más espontánea e informal entre los directivos y sus colaboradores?

Sí/No

11. ¿Te describes como una persona abrasiva, aguda, áspera, adusta y como un individuo casi desagradable que ve y le dice a los demás las cosas como son en realidad?

Sí/No

12. ¿Eres capaz de dar malas noticias a los demás de manera constructiva?

Sí/No

13. ¿Cuál de las dos estrategias siguientes adoptarías para tu compañía: a) el método de colorear sin salirse de la raya; o b) iniciativa, responsabilidad personal y flexibilidad?

Sí/No

14. Cuando vas a escribir, ¿qué papel prefieres usar?: a) con renglones, o b) sin renglones

Sí/No

Puntuación

Anota un punto por cada respuesta **Correcta**.

Respuestas Correctas

La respuesta a las preguntas 1, 2, 5, 6, 7, 9, 10, 13 a) y 14 a) es "No"

La respuesta a las preguntas 3, 4, 8, 11, 12, 13 b) y 14 b) es "Sí"

Interpretación

De **9 a 14** puntos: Muy individualista
De **1 a 4** puntos: Muy conformista
De **5 a 8** puntos: Medianamente conformista

¿Eres un Director del Conocimiento?

En la era actual de Internet, la mayoría de las organizaciones está pasando por una fase de transición que ocasiona una gran cantidad de estrés de comunicación en los empleados a diferentes niveles. Las nuevas tendencias revelan que las compañías exitosas subrayan la importancia de proporcionar un ambiente competitivo e innovador a sus empleados.

Los empleados deben asimilar que, así como el nivel de especializaciones en las compañías está aumentando rápidamente, a la misma velocidad aumenta la necesidad de una nueva tecnología en comunicación e información. En palabras de Hepburn, reconocido sociólogo, este fenómeno se refiere al "retraso cultural" que significa una brecha entre el cambio cultural y el cambio tecnológico. Para acortar esta brecha, las organizaciones necesitan una fuerza de trabajo especializada capaz de movilizar y dirigir a los empleados para que asimilen la nueva tecnología de información y que ofrezcan soluciones basadas en su conocimiento para alcanzar un mayor nivel de eficiencia. El perfil típico de este Director de Gestión del Conocimiento (CKO, por sus siglas en inglés) es único en el sentido de que, por un lado requiere una comprensión total del ambiente de trabajo, ética del trabajo y actitudes en el trabajo de los empleados de su compañía; y por el otro requiere estar en una constante búsqueda, validación y procesamiento de la tecnología de la información más reciente desarrollada a nivel global. Su constante interés y sus estrategias deben estimular y fomentar todo esto para que ambos aspectos sean contribuyentes en la reducción de la brecha cultural.

Si aspiras ser uno de estos CKO, reflexiona y evalúate con la siguiente prueba:

1. ¿Estás listo para tomar la iniciativa en obtener lo último en desarrollo de la Tecnología de la Información (IT) y áreas afines que pueden contribuir para aumentar la eficiencia de tu compañía?
2. ¿Tienes la iniciativa empresarial suficiente para adoptar un nuevo proyecto en tu compañía que implique involucrar experiencias exitosas de otros departamentos?
3. ¿Te mantienes bien informado por medio de la tecnología más moderna de comunicación e información a través de Internet y otras fuentes?
4. ¿Sueles compartir regularmente nuevas ideas y nuevas tecnologías con tus compañeros de trabajo para mejorar su eficiencia?
5. ¿Estás al tanto de los nuevos eventos y fenómenos que ocurren a tu alrededor y alrededor de tu compañía a nivel local, nacional y global?
6. ¿Eres capaz de prever hasta qué punto podría ponerse en práctica un proyecto considerando los recursos de software y hardware existentes en tu compañía?
7. ¿Disfrutas trabajar en un proyecto de grupo cuyo objetivo sea fomentar el esfuerzo en equipo y el espíritu de equipo?
8. ¿Tu toma de decisiones es flexible en caso de que se presenten cambios inesperados en tu compañía?
9. ¿Estimulas a tus subordinados y compañeros de trabajo a que trabajen con la nueva tecnología para hardware y software?
10. Como director, ¿te gusta relacionar el desarrollo en el trabajo/ incentivos especiales con el nivel de la tecnología de la información utilizada en tu compañía?

Puntuación

Da un punto por cada vez que hayas respondido **"Sí"**.

Interpretación

De 7 a 10: Básicamente eres una persona de orden, comprometida y sabes con claridad cuál es tu propósito. Estás buscando adquirir nuevo conocimiento sobre tecnología de la información y utilizarla de forma significativa en tu compañía. Sigue así.

De 4 a 6: Tienes un buen nivel de exposición y puesta en marcha de nuevas tecnologías en tu ambiente de trabajo y necesitas trabajar más arduo para obtener un nivel todavía más alto de la TI en tu ambiente de trabajo.

De 1 a 3: Tienes un largo camino por recorrer. Es necesario que redefinas tu actitud para adquirir y compartir información de la nueva tecnología con tus compañeros de trabajo de manera más significativa. Para lograrlo tienes que crear un ambiente de contribución en tu compañía y así buscar nuevo conocimiento y compartirlo con tus colegas.

■♦■

¿Eres víctima de la codependencia?

Casi todos nos olvidamos de nuestra codependencia y terminamos pagando un precio muy alto para estar en el lado bueno de nuestros grupos sociales. En la primera Conferencia Nacional sobre la Codependencia, celebrada en Arizona, EU, en septiembre de 1989, se definió a la codependencia como un "patrón de dependencia desagradable de comportamientos compulsivos y de la aprobación de los demás en un intento por encontrar seguridad, autovalía e identidad. El comportamiento codependiente es un comportamiento aprendido que quizá haya resultado en alguna época pero ahora es disfuncional. El Dr. Joseph Cruse, director y fundador del centro Betty Ford, organizó el primer Instituto Nacional de Médicos Especialistas en Codependencia.

Las investigaciones realizadas en este campo revelan que la forma en la que la gente se trata a sí misma, a los demás y cómo maneja el estrés y los conflictos es resultado directo de las reglas que aprendió a seguir cuando creció. Por ejemplo, la gente que creció dentro de una familia perfeccionista espera que incluso el menor detalle esté justo como se planeó. "Si se regaña a un niño cuando deja sus cosas desordenadas por la casa o cuando no realiza alguna tarea sin importancia, ese niño comenzará a creer que todos los errores, por más pequeños que sean, son una transgresión importante. Esa persona puede pensar, 'Si yo fuera más inteligente (o más bonita, o más atlético), ¡todo estaría bien!'. Es difícil sentirse bien con uno mismo cuando cualquier acción no está a la altura de los altísimos estándares de otro. El intento por cumplir con las reglas disfuncionales de la familia puede conducir a varios patrones de comportamiento predecibles. Estos patrones de comportamiento, que probablemente se aprendieron de manera inconsciente, continúan en la edad adulta aunque sean disfuncionales", aseguró Pfeiffer en 1990 (un antiguo profesor de cuidados mentales y un gran instructor de grupo).

Las personas que provienen de familias donde hay una comunicación pobre, en las que no se alienta a la expresión emocional, en las que la identidad y las necesidades personales son secundarias y en las que son criticadas o las hacen sentir incapaces de cumplir las expectativas de los padres, pueden ser incapaces de hacer frente al difícil proceso del crecimiento. Pueden aislarse y negarse a sí mismas, sin saber cómo pedir ayuda ni cómo perdonarse a sí mismas por cometer errores. La gente de familias disfuncionales tiende a desarrollar patrones nocivos para manejar las situaciones, como comportamientos compulsivos, perfeccionistas, de necesidad de aprobación o dependientes. En su búsqueda de la aprobación de los demás pueden volverse codependientes débiles. Pueden sufrir de agotamiento físico, depresión, desesperanza y, eventualmente, se vuelven incapaces de cumplir con sus responsabilidades. Pueden llegar a ser suicidas o autodestructivos, adictos al trabajo, alcohólicos, fármaco dependientes, compradores compulsivos, adictos al sexo, comedores o jugadores compulsivos. También pueden volverse dependientes de otras personas, sustancias o comportamientos. Estas relaciones tóxicas pueden conducir a la autodesilusión, represión emocional, autoestima baja y sentimientos de vergüenza que seguramente afectan en gran medida su vida laboral. La severidad de la disfunción puede variar desde un pequeño grado en un área limitada a una incapacidad total en muchas áreas.

Muchos investigadores creen que la codependencia se deriva de una autonomía sicológica incompleta. Según Erikson, en la primer etapa del desarrollo se resuelven asuntos de confianza/desconfianza. Durante la segunda etapa del desarrollo, que dura entre un año y medio y dos, el niño debe aprender a establecer su propia autonomía; y si no lo hace, comienza a experimentar vergüenza y duda. Muchas familias no animan a los hijos a que salgan solos y establezcan sus propios límites. En estos casos, los niños nunca se liberan por completo de los lazos paternales, y así es difícil que salgan por sí mismos. Weinhold y Weinhold (1989) definen a la codependencia como la incapacidad de completar uno o más de los procesos más importantes del desarrollo de la niñez temprana, en especial el proceso de separación. Si el proceso de separación o el de autonomía no se completan con éxito, el individuo depende de los demás para que dirijan su vida.

La mayoría de las personas padecemos codependencia. Debido a que casi todas las personas son codependientes hasta cierto punto, los practicantes del desarrollo de recursos humanos (DRH) *deben* recordar estos detalles cuando trabajen con otros. Quizá se den cuenta de que es necesario que sean más tolerantes con sus aprendices. Al revisar la lista de las reglas de una familia común notamos que los profesionales del DRH piden a mucha gente que haga exactamente lo que NO deben hacer según las reglas familiares. Por ejemplo, en las sesiones para formar grupos, los profesionales del DHR piden a sus equipos de trabajo que hablen sobre las formas en las que funcionan para tratar problemas de todo el equipo e interpersonales para buscar formas de cambiar y mejorarse a sí mismo, y comunicarse de manera más abierta y directa unos con otros.

Además, el fenómeno de la codependencia puede explicar, en parte, a los profesionales del DRH por qué los grupos —en especial los grupos de personas pertenecientes a diferentes antecedentes culturales y familiares como los de la compañía— pueden experimentar tal dificultad al aprender a trabajar juntos de manera armoniosa.

Un profesional de DHR también debe examinar sus propios fantasmas de codependencia. ¿Su necesidad de alcanzar la perfección rebaja el progreso de un cliente en la resolución de conflictos? ¿Comprometerse demasiado con el trabajo alivia la ansiedad sobre la autovalía?

Para medir tu nivel de codependencia busca en tu interior la respuesta a las siguientes preguntas acerca de tus tendencias sicológicas.

1. ¿Tiendes a enfrentar las dificultades identificando tus propios sentimientos?, por ejemplo, estás confundido sobre tus emociones y te cuestionas "¿estoy enojado?, ¿estoy solo?"
2. Cuando estás deprimido, ¿tiendes a pensar "Me siento lastimado; pero cómo reaccionarían los demás hacia mí si supieran cómo me siento, y peor, qué pensarían de mí si conocieran mis verdaderos sentimientos?"
3. ¿La intimidad te parece demasiado riesgo y te cuesta trabajo establecer o mantener relaciones cercanas con los demás porque tienes miedo a que eventualmente te rechacen o te lastimen?
4. ¿A menudo descubres que estás siendo rígido o estás atorado en actitudes o comportamientos y te cuesta trabajo "cambiar el chip", lo cual requiere cierta flexibilidad emocional?
5. ¿A menudo sientes la presión de ser perfecto, de realizar tareas de manera perfecta y no puedes perdonarte a ti mismo, y sientes que los demás no te perdonarán, si cometes un error?
6. ¿Te cuesta trabajo ajustarte al cambio, por ejemplo, mantener una relación más allá de lo que es bueno para ti sólo porque te es difícil vencer tus arraigados patrones de comportamiento?
7. ¿Te sientes responsable por el comportamiento o los sentimientos de otras personas porque crees que la apariencia y el comportamiento de la gente cercana a ti se refleja en ti?
8. ¿Intentas controlar el comportamiento de los demás porque crees que puedes perder el control si no llevas bien sujetas las riendas y así tratas de extender ese control a todo tu alrededor?
9. ¿A veces te absorben tanto los problemas de los demás que no eres capaz de identificar o resolver los tuyos puesto que tiendes a dar más de lo que recibes y te preocupas tan profundamente por los demás que se te olvida cómo cuidarte a ti mismo?

10. ¿Sientes una constante necesidad de aprobación por parte de los demás para poder sentirte bien sobre ti mismo? (Por ejemplo, decir "sí" cuando lo que quieres decir es "no").
11. ¿Te es difícil tomar decisiones porque crees que no eres capaz de tomar buenas decisiones o por miedo a tomar una decisión equivocada y que te critiquen por eso?
12. ¿Temes que los demás no te acepten a menos que tomes las decisiones adecuadas que concuerden con las suyas?
13. ¿A menudo sientes una sensación de impotencia sobre tu vida y te dices a ti mismo "Nada de lo que haga marca la diferencia"?
14. ¿A veces sientes que no tienes una amplia gama de opciones emocionales o de comportamiento y tiendes a sentir una sensación de vergüenza y baja autoestima?
15. ¿Sientes que muy a menudo no eres capaz de reconocer las fronteras invisibles (espacio físico), o de no respetar las de otros, y entonces intentas controlar las emociones, pensamientos y comportamientos de los demás?
16. ¿Eres propenso a un comportamiento compulsivo como cuidar a alguien en exceso, trabajar demasiado, comer en exceso, hacer una dieta exagerada, gastar demasiado dinero, jugar, tomar drogas o alcohol en exceso?

Puntuación

Da un punto por cada "**sí**" que hayas respondido.

Interpretación

Si obtuviste un 70% o más significa que tienes una personalidad altamente codependiente y eres adicto a la seguridad. Es un desorden de estrés y una enfermedad mental. Te enseñaron a preocuparte por los demás y muchas veces a expensas tuyas. La codependencia hace que te apoyes en otros para que dirijan tu vida. Tiendes a perderte y después te cierras; te cierras de manera emocional y pierdes contacto con tus sentimientos. Incluso te cierras espiritualmente y así evitas cosas que pueden ser motivadoras, y te cierras intelectualmente, lo cual te dificulta organizar tus pensamientos. Por último, tiendes a cerrarte físicamente. Las nuevas investigaciones revelan que muchas enfermedades, no hipocondríacas, como úlceras, gastritis, dolores de cabeza y otras enfermedades reales pueden ser resultado de no compartir las emociones.

Afortunadamente, la recuperación es posible pues cualquier cosa aprendida puede ser desaprendida. Lee libros de autoayuda o asiste a grupos de apoyo y talleres para asegurarte de que no vuelvas a caer en ese comportamiento codependiente. Habla sobre tus problemas personales y busca formas de cambiar y mejorar para comunicarte de manera abierta y directa con los demás, expresa tus problemas o preocupaciones y revela tu ser sin que pienses que es algo amenazante. También puedes acudir a sicoterapia.

¿Eres una persona de logros en tu compañía?

Investigaciones sicológicas revelan que la motivación es la clave en la sicología del trabajo. La respuesta a cuestiones como: "¿Cómo puedo hacer que mi gente trabaje más arduamente?" muchas veces se basa en la conciencia de su nivel motivacional. La fuerza motivadora es la razón por la que una persona hace algo. Por ello está relacionada con factores que nos empujan a comportarnos de cierta manera; y esto, a su vez, tiene una relación directa con un enfoque de motivación basado en las necesidades. La necesidad de logro o de autorealización tiene que ver con el deseo de vencer obstáculos, para ejercer el poder y esforzarse por hacer algo difícil de la mejor manera posible. Esto forma la base de la teoría de motivación laboral de Mc. Clelland (1961), la cual asegura que aumentar la necesidad de logro de la población es esencial para la prosperidad económica del país. El autorreconocimiento, que según Maslow es la culminación del crecimiento humano y organizacional, puede identificarse en ciertas dimensiones puesto que sólo unos cuántos tendemos a operar a ese nivel.

Responde el siguiente cuestionario para descubrir si perteneces a ese grupo y si la descripción de Maslow de una persona que funciona por completo coincide contigo.

¿Tu:

1. *Percibes a las personas y a los eventos de manera exacta,* sin la indebida interferencia de tus propias preconcepciones?

2. *Te aceptas a ti mismo y a los demás,* incluyendo las imperfecciones pero buscas un mejoramiento cuando es posible?
3. *Tiendes a ser espontáneo,* especialmente cuando se trata de tus pensamientos y sentimientos?
4. *Te enfocas en los problemas ajenos a ti mismo* y no te sientes inseguro e introspectivo?
5. **Tiendes a ser autónomo** y te mantienes genuino a pesar de la presión para que estés de acuerdo con los demás?
6. *Tiendes a mantener tu distancia* de manera que los inconvenientes no te sacan del camino?
7. *Aprecias las cosas buenas y bellas* aunque te sean familiares?
8. *Tienes experiencias de intensas* emociones positivas de carácter místico algunas veces?
9. *Tienes relaciones cercanas* pero sólo con algunas personas cuidadosamente elegidas?
10. *Respetas a los demás* evitando burlarte de la gente, los calificas de acuerdo a sus cualidades interiores y no por su raza o clase social?
11. *Tienes estándares morales firmes* y el sentido del bien y del mal, aunque puedan ser diferentes a los de mucha gente?
12. *Tiendes a ser creativo,* por ejemplo, eres abierto de mente y estás abierto a las experiencias, ves las cosas como novedad y eres capaz de sacar nuevas conclusiones a partir de información ya establecida?

Puntuación

Da un punto por cada vez que hayas respondido **"sí"**.

Interpretación

De 9 a 12: Tu ética está formada de la motivación para el logro basada en la creencia de que la realización es "buena" en sí misma. Tienes preferencia por las tareas desafiantes y buscas la excelencia, como el deseo de hacer tu mejor esfuerzo. Eres ágil y vibrante, aspiras ascender la jerarquía del estatus a través de una competencia sana con tus colegas y semejantes. Tienes cualidades de líder en el enfoque de tu trabajo.

De 5 a 8: Tienes la motivación suficiente y estás abierto a la experiencia. Confías en ti mismo y estás familiarizado con los medios para alcanzar tus metas. Intentas elegir tareas de dificultad moderada pero realistas para asegurarte éxito en el trabajo.

De 1 a 4: Parece que estás atorado en la tiranía de tu bloqueo interno y evitas todo esfuerzo externo o las pruebas verdaderas de tu habilidad. Tu clima emocional autoderrotista sabotea tu nivel de logro. Medita un poco y establece metas realistas. Un sentido de logro desempeñará un papel muy importante en el cambio de estilo de tu pensamiento.

■♦■

¿Eres racional en tus pensamientos y comportamiento?

Sicólogos como Maslow afirman que algunas personas tienden a alcanzar niveles de funcionamiento más sanos y mejores que el individuo promedio. Dichas personas están relativamente libres de sufrir problemas sicológicos importantes y han utilizado sus talentos y fortalezas de la mejor manera posible. En comparación con el individuo promedio, estas personas tienen ciertas características en común, como la frescura constante de la apreciación de la realidad de la vida diaria; mayor aceptación de sí mismas y de los demás, mayor creatividad y mayor resistencia a la conformidad. En general, nuestro centro interior de crecimiento necesita estar relativamente débil y subdesarrollado, y así es más difícil de descubrir y de reprimir por circunstancias adversas. En resumen, el desarrollo personal tiende a ser una lucha entre fuerzas que alientan al crecimiento y otras que lo desalientan.

Para medir tu nivel de crecimiento sicológico y pensamiento racional, indica si estás de acuerdo o en desacuerdo con cada una de las siguientes oraciones. Coloca el número correspondiente en los espacios antes de cada una: 1 = difiero; 2 = difiero un poco; 3 = coincido un poco; 4 = coincido.

1. No me siento avergonzado por ninguna de mis emociones.
2. Siento que debo hacer lo que los demás esperan que haga.

3. Creo que la gente es buena en esencia y es confiable.
4. No puedo enojarme con las personas que amo.
5. Siempre es necesario que los demás aprueben lo que hago.
6. No acepto mi propia debilidad.
7. La gente puede caerme bien sin necesidad de aprobarla.
8. Temo al fracaso.
9. Evito los intentos de analizar y simplificar áreas complejas.
10. Es mejor ser uno mismo que ser popular.
11. No tengo una misión en la vida a la cual me sienta especialmente dedicado.
12. Soy capaz de expresar mis sentimientos aunque puedan tener consecuencias desagradables.
13. No siento la responsabilidad de ayudar a nadie.
14. Me incomoda el miedo a ser inconveniente.
15. Soy amado porque doy amor.

Puntuación

Para obtener tu puntuación debes cambiar los valores (4=1, 3=2, 2=3, 1=4) de tus respuestas a las preguntas 2, 4, 5, 6, 8, 9, 11, 13 y 14. Después suma los números resultantes a las respuestas del resto de preguntas. Tu puntuación total puede ser entre 15 y 60.

Interpretación

Puntuación alta (50 ó más)

Tiendes a vivir en el presente más que en el pasado; con culpa y arrepentimiento; o que en el futuro, con metas y miedos idealizados. También tiendes a seguir lo que te dicta tu interior, extrovertido y con pensamientos y comportamientos racionales.

Puntuación media (31 a 49)

Tienes habilidad para percibirte y experimentarte en relación al medio que te rodea. Sabes que comienzas a vivir de manera auténtica sólo a medida que afirmes tu inherente libertad interna y tomes responsabilidad de tu vida. Estás consciente de que la autorrealización es más un largo proceso de vida que aumenta el significado de la vida y no una meta que se logra fácilmente.

Puntuación baja (15 a 30)

Debes hacer intentos conscientes por crecer. Evita actitudes que atrofien tu psique, pues estas tendencias pueden causar neurosis y desajustes con tu realidad externa.

■♦■

Revisión de estrés

"Cuando vuelvo a casa después de un día estresante en la oficina", dice Tirath M., profesional de 26 años, "y después de manejar a través del tráfico tan pesado entre el polvo y el calor, me queda poca paciencia para mi esposa y mis padres. No quiero hacerlo, pero muchas veces termino gritándole a alguien en las noches. E inmediatamente me preocupo por lo que estarán diciendo los vecinos. ¡Y también están las presiones económicas por el aumento del costo de la vida! En momentos como ese, sentarme en silencio sin pensar en nada me ayuda a relajarme…algunas veces me ayuda tomar un baño fresco o meter la cabeza en agua fría".

En la era moderna, estos casos de vida estresante son muy comunes, en especial en las ciudades grandes. De hecho, el estrés en el lugar de trabajo se ha convertido en la plaga del siglo veintiuno. La edad, la ocupación y el estilo de vida crean tensiones comunes; pero el estrés de cada uno es personal. Algunos sicólogos y médicos recomiendan un remedio "antiestrés" que consiste en un tratamiento con cápsulas, aunque pueden ser placebos como las píldoras de vitamina B. Muchas personas luchan por vencer el estrés de todos los días mientras que otras siguen viviendo en un estado de irritabilidad.

En los tiempos modernos, el estrés en el lugar de trabajo está costando a la industria grandes cantidades de dinero. Se estima que cerca del 10% del producto interno bruto del Reino Unido se pierde cada año debido al estrés generado en el trabajo en forma de ausencias por enfermedad, cambios en el trabajo, pérdida de la productividad, aumento de los costos de reclutamiento y selección, y gastos médicos. Las fuentes

Síntomas físicos de estrés	Síntomas de comportamiento de estrés	Enfermedades con etiología del estrés
• Falta de apetito	• Irritabilidad constante con la gente	• Hipertensión, presión arterial alta
• Deseo de comer cuando se está bajo presión	• Sensación de incapacidad para enfrentarse a algo	• Trombosis coronaria, ataque al corazón
• Indigestión o acidez frecuente	• Falta de interés en la vida	• Migraña
• Estreñimiento o diarrea	• Miedo o enfermedad recurrente	• Fiebre del heno y alergias
• Dolores de cabeza	• Conciencia de enojo reprimido	• Artritis reumatoide
• Incapacidad de sentarse quieto sin moverse	• Sensación de haber fallado como persona o como padre	• Tuberculosis o úlcera péptica
• Falta de aliento sin haber realizado esfuerzos	• Sensación de ser el blanco de la hostilidad de otra persona	• Dispepsia nerviosa
• Desmayos	• Pérdida del sentido del humor	• Hipertiroidismo: hiperactividad de la glándula tiroides
• Impotencia o frigidez	• Temor al futuro	• Desórdenes dermatológicos
• Insomnio	• Sensación de ser un fracaso	• Asma
• Fatiga constante	• Pérdida de la autoestima	• Depresión

organizacionales de estrés incluyen factores inherentes al trabajo como, problemas de roles, relaciones en el trabajo, desarrollo de la carrera, ambiente y estructura organizacional y la interconexión hogar-trabajo. Resulta irónico que también se genera estrés como resultado de estar sin trabajo, es decir, desempleado.

En la década de los 30, Walter B. Cannon estudió los efectos del estrés sobre los animales y la gente, en particular estudió la reacción de "lucha o huida". A través de esta reacción, la gente y los animales deciden quedarse y luchar o intentar huir al enfrentarse a un peligro extremo. Cannon observó que, cuando los sujetos experimentaron situaciones de frío, falta de oxígeno y agitación, detectaba en ellos cambios fisiológicos como secreciones de adrenalina de emergencia. Cannon describió que estos individuos estaban bajo estrés.

Los intentos científicos por explicar el proceso de las enfermedades relacionadas al estrés revelan que, en una situación estresante, el individuo se enfrenta a tres etapas. La primera etapa es a) reacción de alarma, una fase inicial de resistencia reducida durante la cual se activan los mecanismos de defensa del individuo; la segunda es b) resistencia, la etapa de máxima adaptación del individuo para volver con éxito al equilibrio e, infortunadamente, si no lo logra, el individuo pasa a la tercera etapa; c) agotamiento, cuando los mecanismos activos se colapsan.

Teorías más nuevas y más completas acerca del estrés hacen énfasis en una interacción con el medio ambiente. Algunas veces nos preguntamos, cómo es que en una inadaptación entre el individuo y su medio ambiente, una persona florece en un escenario mientras que otra sufre. La razón principal es que cada factor del estado emocional y físico de una persona tiene un rango de estabilidad en el que dicha persona se siente cómoda. Cuando uno de estos factores es alterado más allá del rango de la estabilidad, el individuo debe actuar o hacer frente para reestablecer un sentimiento de bienestar. Este intento por mantener un estado constante es el "proceso de ajuste" o estrategia de lucha. *La persona experimenta estrés si alguna fuerza lleva al factor sicológico o físico más allá de su rango de estabilidad.* Como resultado comienza a pasar la factura a su mente y su cuerpo, y se presenta una variedad de síntomas que da lugar a enfermedades relacionadas con el estrés y otros problemas de comportamiento como lo siguiente:

Hoy en día, la enfermedad coronaria es la principal causa de muerte en el Reino Unido, con más de 150,000 víctimas cada año —una persona cada tres o cuatro minutos. Uno de cada once hombres muere a causa de un infarto antes de los 65 años de edad.

Otra enfermedad muy relacionada al estrés es la presión arterial alta (hipertensión) debido a las intensas situaciones en las oficinas con fechas de entrega demandantes, la atención que se requiere a los detalles y las complejas relaciones interpersonales. La Estrategia Nacional para la Prevención de Desórdenes Físicos Relacionados con el Trabajo, en Cincinnati, Ohio, asegura que la crisis de la salud mental de un individuo está cada vez más relacionada al nivel de estrés que experimenta. Y los días de ausencia en el trabajo debido a problemas mentales indican la magnitud del serio problema. Durante la edad laboral, de 25 a 44 años, tienden a aumentar las enfermedades relacionadas al estrés, como sicosis, neurosis y desórdenes de personalidad. El resultado es que disminuye la satisfacción obtenida en el trabajo y reduce el rendimiento laboral. El estrés en el trabajo se vuelve un riesgo ocupacional para ciertos profesionales "que ayudan" como médicos, dentistas, enfermeras y técnicos de la salud que tienen tasas de suicidio y de abuso de drogas/ alcohol más altas de lo normal. Al parecer, el "agotamiento", o el retiro prematuro del trabajo, debido al estrés es muy común. Las enfermeras y otros trabajadores en el campo de la salud padecen trastornos mentales de salud, al grado de que cada vez es mayor el número de admitidos en hospitales y clínicas para el tratamiento de desórdenes mentales que en años anteriores.

Aunque hay experimentos y estudios que muestran que, dentro de ciertos límites, el funcionamiento del individuo mejora cuando está sometido a mayores niveles de estrés, después de un punto el estrés provoca que el rendimiento disminuya. La ausencia del sentido de pertenencia de un individuo a la compañía para la que trabaja, junto con la falta de oportunidades adecuadas para participar, provocan un tipo de estrés inactivo en las situaciones relacionadas al trabajo. El resultado de unos estudios llevados a cabo en 1948 revela que la falta de participación en el trabajo y en la toma de decisiones predice tensión y estrés laboral relacionados a una mala salud general, beber por depresión, autoestima baja, ausentismo y planes para dejar el trabajo. Por el contrario, la participación por parte del individuo puede ayudar a aumentar su sensación de participación en el éxito de la compañía, crea un sentido de pertenencia y mejora los canales de comunicación dentro de la organización. La sensación de tener el control es esencial para el bienestar de la fuerza de trabajo.

Además, cada vez hay más literatura que sugiere un fuerte lazo entre la enfermedad física y el estrés del desempleo. En Australia, un estudio reveló más síntomas de bronquitis, problemas de oído, nariz y garganta, así como alergias con complicaciones de obstrucciones en los pulmones y enfermedades coronarias. ¿Hasta qué punto el desempleo afecta a la gente? Algunos sicólogos proponen un modelo de etapas como reacción a este problema. En un principio, la gente reacciona con *shock*, una respuesta emocional que incluye sorpresa, enojo e incluso alivio. Después pasa a la etapa de optimismo cuando siente que es posible encontrar otro empleo y pasa el tiempo haciendo labores domésticas. Después de un tiempo esto ocasiona *pesimismo* puesto que las solicitudes de empleo no dan resultado, y después llega el *fatalismo*, cuando la persona se siente desesperanzada, se resigna a su destino y deja de intentar obtener otro empleo. Otros sicólogos aseguran que las etapas sicológicas negativas *latentes* como la inevitable pérdida de tiempo, el contacto social fuera de la familia, la vinculación a mayores metas/ objetivos, estatus/ identidad personal y la actividad forzada llevan al individuo a sentirse sicológicamente degradado, además de la ausencia de la función *manifiesta* de tener un empleo, es decir, el sueldo. Quedarse sin trabajo tiene efectos sicológicos negativos al grado de que conduce a la pérdida de estas características en la vida diaria del individuo.

Cómo combatir el estrés

Después de averiguar cuáles son las áreas de mayor problema en cuanto a situaciones de estrés, es importante comenzar a pensar en términos de *catarsis* física y mental —término utilizado por los sicólogos para denominar la actitud de total desapego de una persona. Para lo cual, la meditación, el masaje y el ejercicio son muy útiles. El sueño es otro liberador de estrés si tienes la suerte de relajarte con siestas cortas.

Se dice que los masajes bajo el agua contrarrestan los efectos de la artritis y de la mala circulación, ayudan a la relajación al reducir la fatiga y el estrés.

Otra técnica de oro para reducir el estrés es el *yoga*, que representa la quintaesencia del holismo de la mente y el cuerpo, da elasticidad física y tranquilidad mental. La respiración del yoga proporciona protección al instante y a largo plazo contra las afecciones relacionadas con el estrés, en particular las que tienen qué ver con la hiperventilación y otros problemas de respiración como el asma.

Algunos terapeutas sugieren que el esfuerzo por cambiar los pensamientos negativos, como el miedo y el enojo, por *actitudes positivas* genera cambios biológicos muy benéficos. La terapia de la risa es uno de los ejemplos más recientes de la medicina afectiva.

La belleza de la *visualización creativa* o imágenes guiadas es que puede adaptarse para lograr diferentes fines como eliminar el estrés, resolver problemas personales, mejorar relaciones e incluso bajar de peso.

El control voluntario sobre el sistema nervioso involuntario puede lograrse por medio de técnicas como el *entrenamiento autogénico*, que consiste en una serie de ejercicios en los que la mente lleva a cada parte del cuerpo a un estado de relajación profunda o *autohipnosis* con la ayuda de un audio cassette o un terapeuta. En esta técnica, una palabra o frase se asocia con calma y confianza. La estimulación sensorial inducida a través de música o sonidos tranquilizadores incorporados en la meditación y la oración ayudan a la integración del cuerpo. Se ha comprobado que el poder de la oración y la meditación tiene más efectos sobre la psique humana de lo que la imaginación más atrevida hubiera podido pensar. Enciende un resplandor especial en las capas subconsciente y consciente de la mente, por lo tanto libera tensiones y ansiedades encerradas a un clima espiritualmente cargado y electrificado.

Para muchos, el hábito de tener pensamientos negativos data de los años formativos. Eric Berne, famoso sicólogo que desarrolló el Análisis Transaccional (AT), sostiene que cada persona tiene un "libreto de vida" asumido en la infancia y una vez que determinamos de qué se trata el libreto, podemos comenzar a reescribirlo y modificarlo con fines constructivos y positivos.

Las técnicas sutiles como la *Programación Neurolingüística* (PNL) borran muchas de esas imágenes negativas a través de un proceso llamado "adquisición", sentimientos positivos y pensamiento infundidos con confianza y optimismo. Esto tiene una importante relación con la teoría de la introversión/ extroversión, que permite a un individuo introvertido con su comportamiento retraído que salga de su caparazón y mire más allá de las reservas de sus bloqueos mentales.

La creatividad a través de una actividad favorita como la música, escribir, bailar o pintar pueden refrescar y rejuvenecer por completo la psique.

Otro ingrediente esencial para combatir el estrés es desarrollar cualidades que conforman la inteligencia emocional, es decir, el *Coeficiente Intelectual Emocional*. La actitud de "puedo hacerlo" es vital para motivar a alguien a reducir el estrés. Algunas veces, el estrés de un periodo largo, digamos el de trabajar en una oficina con un jefe intimidante, necesita manejarse más específicamente. Debido a que no puedes transformar ni al jefe ni el ambiente, los chistes y el buen humor reducen el estrés en el trabajo.

Así podemos elegir alguna de la gran variedad de estrategias para combatir al estrés de todos los días para revivir y refrescar la mente, ayudar al cuerpo y quizá, replantear y revitalizar nuestro estilo de vida.

■◆■

Mide tu perfil de manejo del tiempo

Era una mañana brumosa. Estaba sentada en la oficina de un director del departamento de transporte pues tenía que recoger los papeles de la licencia de manejo de mi tía. Cuando vi el escritorio desordenado frente a mí, con montañas de papeles, me pregunté cómo alguien sería capaz de localizar un documento importante entre tal cantidad de papeles. Sin embargo y para mi sorpresa, el director no tardó mucho en darme los papeles exactos que le solicité. Me di cuenta de que, aunque parecía una persona desorganizada, de hecho era organizado a su manera.

Cada persona tiene un estilo único para organizar su trabajo y administrar su tiempo. Algunas personas son bien organizadas y otras son todo lo contrario. Incluso hay quienes temen que ser demasiado organizado les impida ser creativos y espontáneos. Otras personas se sienten a gusto siguiendo un sistema organizacional bien estructurado. Algunos trabajadores son buenos haciendo varias cosas a la vez, otros se distraen fácilmente con cualquier cosa del exterior. Si entiendes tus propias fortalezas y áreas a mejorar en el manejo de tu tiempo relacionadas a tu trabajo, puedes enfocar tu atención en la dimensión de manejo de tiempo que resulta más problemático para ti, además de descubrir tu propio método de manejo de tiempo.

Tu personalidad en términos de manejo de tiempo y prioridades puede describirse de acuerdo a cinco dimensiones diferentes: 1) atención a la tarea, 2) tipo de enfoque, 3) metodología de la estructura, 4) estilo de procesamiento y 5) estrategia de acción. Cuando entiendes de qué manera funcionas mejor en términos de manejo de tiempo puedes desarrollar el sistema organizacional que mejor se adapte a ti.

El siguiente cuestionario tiene como objetivo ayudarte a comprenderlo mejor:

¿Qué tan a menudo sueles hacer lo siguiente?

Escribe tu respuesta junto a cada oración, utiliza la siguiente escala:

4 = Casi siempre
3 = A menudo
2 = Algunas veces
1 = Casi nunca

1. Cuando estoy haciendo algo importante, a menudo me distraen cosas sin importancia. ______
2. Mi mente divaga cuando trabajo a solas. ______
3. Las interrupciones durante todo el día disminuyen la cantidad de trabajo que debo realizar. ______
4. Pospongo para mañana lo que puedo hacer hoy. ______
5. Si se está organizando una fiesta, disfruto la planeación de los detalles más que el motivo. ______
6. Cuando me voy a mi casa, mi escritorio está en orden. ______
7. Es importante captar detalles específicos de una conversación de negocios y registrar palabra por palabra. ______
8. Disfruto idear los detalles de un proyecto más que visualizar el resultado final. ______
9. Pierdo de vista las metas a largo plazo cuando me enfrento a crisis a corto plazo. ______
10. Pospongo tomar decisiones hasta que la situación no se vuelva urgente. ______
11. Me preparo para las cosas en el último minuto. ______
12. Trabajo durante muchas horas y no logro ponerme al corriente. ______
13. Sé en dónde archivé la mayoría de mis papeles. ______
14. Tengo a la mano mi lista de cosas que debo hacer. ______

15. Los números de teléfono y fax de mis contactos de negocios son fáciles de encontrar. ______
16. Protesto cuando las juntas comienzan tarde. ______
17. Tiendo a hacer varias cosas a la vez. ______
18. Cuando estoy trabajando en un proyecto, vienen a mi mente ideas para otro proyecto. ______
19. Estoy ansioso por comenzar un proyecto nuevo antes de terminar el que estoy haciendo. ______
20. Durante una conversación telefónica de negocios, prefiero buscar el archivo que necesito mientras sigo hablando más que poner a la persona en modo de espera. ______

Puntuación

Para calificar tus respuestas debes agrupar tus puntuaciones en las secciones siguientes:

Sección 1: Atención a las tareas

1. ______
2. ______
3. ______
4. ______

Total ______

Sección 2: Tipo de enfoque

5. ______
6. ______
7. ______
8. ______

Total ______

Sección 3: Estrategia de acción

9. ______
10. ______
11. ______
12. ______

Total ______

Sección 4: Metodología de la estructura

13. ______
14. ______
15. ______
16. ______

Total ______

Sección 5: Estilo de procesamiento

17. ______
18. ______
19. ______
20. ______

Interpretación

Suma la puntuación total de cada sección por separado para obtener el perfil de tu tipo de manejo de tiempo. Consulta tu puntuación.

Sección 1: Atención a la tarea

7 o más: Tu atención a la tarea es "divergente". Aunque tu escritorio esté un poco desordenado aseguras que sabes exactamente dónde están las cosas. Tiendes a distraerte con facilidad de lo que estás haciendo ante cualquier cosa que suene interesante. Tienes energía para el comienzo de nuevos proyectos pero no para terminarlos.

De **1 a 6:** Tu atención a la tarea es del tipo "convergente". Tiendes a obtener energía para terminar proyectos y objetivos. Trabajar con gente divergente puede ser un reto para ti.

Sección 2: Tipo de enfoque

7 o más: Eres una persona orientada a los detalles que necesita tener hechos y detalles sobre una situación para sentirse cómodo. Buscas información y comprobación, prefieres situaciones que puedan respaldarse con hechos y cifras. Obtienes energía para buscar y organizar información.

De **1 a 6:** Perteneces al tipo de personalidad globalmente orientada que está más atraída por las "posibilidades" que por los hechos reales. Disfrutas pensar en el futuro y discutir sobre las interrelaciones. Tienes habilidades conceptuales bien sintonizadas y te sientes atraído a profesiones como el teatro, las artes, dirección de alto nivel y el marketing. Aunque algunas personas globalmente orientadas también disfrutan encargarse de detalles subsecuentes, la mayoría no lo disfruta.

Sección 3: Estrategia de acción

7 o más: Tiendes a ser un individuo reactivo que prefiere posponer para mañana lo que puede hacer hoy y como resultado, inviertes mucho tiempo en responder a crisis o tiempos de entrega que surgen de repente.

De **1 a 6:** Perteneces a la categoría de individuos "proactivos" que se encargan de lo que tienen que hacer durante el día y cumplen lo que se proponen. Casi nunca permites que las circunstancias o las demoras se metan en tu camino. Una vez que tienes un plan, lo llevas a cabo y es raro que te encuentres en situaciones de crisis de último minuto.

Sección 4: Metodología de la estructura

7 o más: Prefieres tener una metodología de la estructura holgada y tener flexibilidad en la forma en que llevas a cabo las cosas. No te parece mal que las juntas comiencen tarde ni que se realicen sin planeación. Pones información en donde te parezca conveniente en el momento, lo cual se traduce en muchos papelitos con información importante regados por tu escritorio. Al principio de un proyecto realizas un plan de trabajo, pero a medida que el proyecto avanza, alteras el plan o lo ignoras por completo.

De **1 a 6:** Mantienes una estricta metodología de la estructura y te gusta tener un sistema para cumplir con tus tareas. Prefieres que las juntas comiencen a tiempo y que sigan una planeación previamente establecida. Pones la información específica en lugares específicos. Cuando realizas una tarea planeas cómo organizar y estructurar lo que vas a hacer antes de empezar.

Sección 5: Estilo de procesamiento

7 o más: Eres un procesador paralelo y te sientes cómodo realizando más de una tarea a la vez. Cuando tienes que trabajar con procesadores seriales te sientes frustrado porque el progreso de las cosas te parece lento. Prefieres mantener en movimiento todas las partes del proyecto a la vez.

De **1 a 6:** Eres un procesador serial y prefieres concentrarte en la tarea que estás realizando. Contrario a los procesadores paralelos, prefieres comenzar por el principio y terminar cada paso antes de pasar al siguiente.

■◆■

Tus actitudes en el trabajo

Algunos sicólogos sociales aseguran que las actitudes, las creencias duraderas y las evaluaciones de aspectos específicos del mundo social o físico desempeñan un papel importante en la formación de muchos aspectos de la psique humana. Predicen y regulan el comportamiento humano. Las actitudes específicas de un individuo son más importantes en la formación del comportamiento. La actitud que tienes persistentemente afecta tu perspectiva de la vida y por ende, tu comportamiento. "Dos hombres miran a través de los barrotes de la prisión, uno ve lodo, ¡el otro ve las estrellas!"

El optimismo y el pesimismo son entonces producto de nuestra actitud ante la vida y sus múltiples facetas. Los sicoterapeutas tienen como objetivo curar los desórdenes mentales de los pacientes al provocar un cambio deseable en sus *actitudes* hacia ellos mismos y sus problemas. Y como dicen ellos, "Nos convertimos en lo que pensamos". Así, tu personalidad es formada por tus pensamientos y actitudes.

Sé crítico sobre tus propias actitudes, intereses y comportamiento en el siguiente cuestionario para conocer las características latentes de tu ser interior.

Elige la alternativa adecuada para las siguientes afirmaciones que mejor reflejen tu comportamiento y personalidad.

¿Eres de los que:

Parte 1.

1. Creen en la planeación anticipada y
   a) Se sienten incómodos con los cambios de último minuto?
   b) Cambia de parecer con frecuencia en el último momento?

2. a) Organiza las cosas para sus compañeros en lugar de darles consejo?
   b) Actúa como un consejero más que un organizador para su grupo de compañeros?

3. a) Le encanta hacer presentaciones en las reuniones o funciones sociales para ser el centro de atención?
   b) Le gusta trabajar en silencio, lejos de la atención pública?

4. a) Prepara un calendario de trabajo claro antes de comenzar la tarea?
   b) Prefiere tomar las cosas como vienen?

5. a) Prefiere planear meticulosamente para evitar en la medida de lo posible que surjan imprevistos?
   b) Gusta de dejar las cosas sin planear y ama el reto de lo inesperado?

Parte 2.

6. a) Gusta de tomar decisiones después de analizar la situación a fondo?
   b) Depende de sus "presentimientos" para tomar decisiones?

7. a) Le es relativamente fácil hacer amistad con gente desconocida?
   b) Debe hacer un esfuerzo especial para relacionarse con gente que no conoce?

8. a) Sigue un método práctico y sensato para las cosas en la vida?
   b) Sueña con nuevas aventuras e ideas con la "cabeza por las nubes"?

9. a) Es fácil de conocer y le gusta conocer mucha gente?
   b) Es del tipo callado cuyo verdadero ser no llegan a conocer los demás?
10. a) Por lo general escucha a lo que dicta su cabeza?
   b) Usualmente deja que su corazón rija sobre su cabeza?

Interpretación

Parte 1.

Mayoría de A: Organizador

Eres un planeador meticuloso, te gusta reunir toda la información que puedas y poner mucho énfasis en trabajar de manera ordenada. No te gusta tomar riesgos en la vida. Tu lema es "Un lugar para cada cosa y cada cosa en su lugar". No te gusta la negligencia ni la ambigüedad en los eventos de la vida. Estás dotado de una energía y dinamismo tremendos y fortaleza mental.

Mayoría de B: Aventurero

Tu preferencia por lo ambiguo y la falta de estructura te hace un espíritu aventurero. Te gusta explorar diferentes posibilidades aunque eso signifique demorar la acción. Tu inclinación por los problemas complejos te hace ver las posibilidades en todos los problemas. Tienes las mejores ideas cuando trabajas solo y son muy creativas. Prefieres tomar la vida como viene.

Parte 2.

Mayoría de A: Realista

Por lo general dejas que tu cabeza domine a tu corazón y los demás te consideran como una persona "con los pies en la tierra". Tus creencias personales y tus sentimientos no afectan tus decisiones. Te gusta convencerte por los hechos más que por los sentimientos. Eres extrovertido y gregario, tiendes a ver la realidad en todas las situaciones. Eres demasiado práctico como para ser sensible a las sutilezas de la vida y te gusta razonar las cosas para comprobar su validez.

Mayoría de B: Pensador

Prefieres trabajar a fondo con pocas cosas a la vez. Antes de realizar alguna tarea te preguntas "¿es justo?". Tu corazón intuitivo rige todas tus decisiones y las soluciones se vuelven claras cuando las relacionas con tus sentimientos. Te gusta repasar los detalles de las cosas y enfatizar en obtener ideas más que hechos. Tiendes a ser muy imaginativo y algo introvertido, prefieres mezclarte con unos cuantos.

■♦■

Conoce tu lenguaje corporal

Muchos de nosotros damos paso a nuestros sentimientos de forma no verbal. Este tipo de comunicación es consecuente con nuestras emociones y actitudes y, sutilmente, retrata nuestro espectro emocional. Cuando las palabras fallan, un gesto sutil dice más que mil palabras. Puede reflejar y desarrollar el intrigante arte de las negociaciones. Las claves no verbales revelan si la persona con quien estás hablando miente, es amigable, está aburrida, a la defensiva o ansiosa. Los gestos son como el lenguaje de las palabras. Según Ray Birdwhistell del Instituto de Investigación de Pensilvania, la kinésica (es una ciencia que analiza a los individuos) revela que la mente inconsciente de un ser humano reacciona ante la de otro a través de reacciones y gesticulaciones, las cuales son percibidas de manera subconsciente.

Intenta leer tus propios gestos y piensa con tu mente subconsciente para contestar el siguiente cuestionario. **Responde con Sí/No a las siguientes preguntas:**

1. Mientras hablas, ¿sueles-
   a) Evitar ver a los ojos de la persona a la que estás hablando o escuchando?
   b) Ver directo a los ojos de tu interlocutor entre 30 y 60 por ciento del tiempo de su conversación?
   c) Encogerte de hombros y abrir tus manos mientras expresas tu opinión?
   d) Aclarar tu garganta antes de comenzar a hablar y usar muletillas como "este" junto con cambios en la inflexión y el tono?

e) Utilizar el lenguaje de las manos, como juntar las puntas de los dedos, y hablar mientras expresas tu opinión en una discusión?

2. Mientras caminas, ¿sueles-
   a) Meter tus manos en los bolsillos, incluso cuando hace calor?
   b) Caminar rápidamente y mover los brazos libremente?
   c) Mantener tus manos agarradas por detrás de tu espalda y rara vez ves hacia el frente o a la gente?

3. Mientras estás sentado, ¿sueles-
   a) Moverte hacia la orilla de la silla y acercarte hacia la mesa que te separa de tu interlocutor?
   b) Sentarte con el respaldo de la silla frente a ti como si fuera un escudo, es decir, sentarte a horcajadas?
   c) Cruzarte de brazos?
   d) Moverte nerviosamente en la silla mientras estás en un salón de clases o en seminarios y conferencias?
   e) Sentarte en la silla con los tobillos cruzados hacia atrás y las manos agarradas o sujetando los brazos de la silla, en especial cuando el avión va a despegar o en la silla del dentista?

4. Cuando muestras tu mejor sonrisa, ¿sueles-
   a) Sonreír sin enseñar los dientes?
   b) Dejar ver tus incisivos y mantienes contacto visual con la persona a quien sonríes?
   c) Sonreír enseñando los incisivos y poniendo el labio inferior entre los dientes?
   d) Poner media sonrisa con expresión un poco burlona?

5. Cuando estás escuchando a alguien, ¿sueles dar golpecitos en la mesa o con el pie después de un rato?
6. ¿Sueles hacer garabatos cuando hablas por teléfono o cuando tomas apuntes en una clase?

7. Cuando respondes a una pregunta de tus padres o tu jefe, tus reacciones son:
   a) ¿No mirarle a la cara?
   b) ¿Taparte la boca con la mano mientras hablas?

c) ¿Tener tics nerviosos?
d) ¿Bajar la mirada?
e) ¿Encogerte de hombros?
f) ¿Mojarte los labios?
g) ¿Aclararte la garganta constantemente?
h) ¿Frotarte la nariz?
i) ¿Rascarte la cabeza mientras hablas?
j) ¿Tallarte la nuca?

8. Antes de que una persona te vea, ¿sueles-
   a) Arreglarte la corbata/ el vestido?
   b) Arreglarte el dobladillo/ el cabello?
   c) Abrocharte los botones y arreglarte el saco/ voltear a verte en algún espejo o voltear a los lados para ver tu reflejo?
   d) Te subes los calcetines cuando te sientas?
   e) Te revisas las uñas?
   f) Haces una inspección precipitada de tu apariencia y tu cabello?

Interpretación

Una respuesta afirmativa a cada opción indica que tienes disposición mental a los siguientes rasgos de personalidad:

1. a. Disimulo, timidez, introversión, pensamiento abstracto.
   b. Confianza, extroversión, actitud defensiva.
   c. Sinceridad, apertura, veracidad.
   d. Incertidumbre y aprensión.
   e. Confianza, amor propio, autosuficiencia, seguridad y orgullo de lo que dices.

2. a. Crítica, reservada y desconfiada.
   b. Metas claras, sigues tus objetivos, necesidad de motivación por logros.
   c. Tu enfoque de la vida es con paso lento, preocupación por problemas apremiantes.

3. a. Expresión positiva de interés y concentración.

b. Dominante, agresivo.
c. Actitud rígida y clara, dogmática, pensamiento constante, actitud de distanciamiento de una conversación si la expresión facial refleja indiferencia.
d. Te aburres y fatigas fácilmente, te sientes estresado, incómodo, desestimado emocionalmente.
e) Tenso, aprensivo, incómodo, nervioso, insatisfecho con lo que está pasando.

4. a. Una simple sonrisa para ti mismo denota naturaleza reservada y no mucha participación en ninguna actividad con más gente.
b. Sonrisa amplia que denota un saludo cálido, disposición alegre.
c. Naturaleza tímida, consideras que la otra persona es superior a ti.
d. Preferencia por la sutileza, timidez y talento natural para el humor.

5. Impaciencia, falta de interés y concentración.

6. Aburrimiento e interés decreciente, admiración por el trabajo geométrico o abstracto propio.

7. Ansiedad en una situación difícil, como cuando se te acusa de algo o estás frente a un público hostil o indiferente, nerviosismo.

8. Intento por esconder tus sentimientos latentes, mentira, mentir para ocultar algo.

■♦■

¿Eres capaz de combatir el estrés del desempleo con resistencia emocional?

Dos hombres miran a través de los barrotes de la prisión, uno ve lodo y ¡el otro ve las estrellas!

"Una paradoja de la vida laboral es que una persona puede considerar que una situación es una amenaza devastadora, y otra persona la ve como un reto estimulante", dice Daniel Goleman en su *bestseller* internacional *Inteligencia emocional en el trabajo*. "Con los recursos emocionales adecuados, lo que parece amenazante, como la pérdida del trabajo, puede tomarse como un reto y enfrentarse con energía, incluso entusiasmo. Existe una diferencia crucial en las funciones cerebrales entre el 'estrés bueno' —los retos que nos motivan y nos movilizan —y el 'estrés malo' —las amenazas que nos abruman, paralizan o desmoralizan", opina.

La "Inteligencia Emocional", en general se refiere a la capacidad de reconocer nuestros sentimientos y los de otras personas con el fin de motivarnos y para manejar las emociones en nosotros mismos y en nuestras relaciones. Una de las aplicaciones de la inteligencia emocional en el trabajo más innovadoras se encuentra en situaciones donde la gente perdió su empleo debido a recortes laborales. En esos momentos es cuando el IQ emocional le ayuda a cultivar sus recursos interiores que le ayudarán a encontrar un nuevo empleo.

Es muy común que la gente se sienta afectada, con un futuro incierto, asustada por la situación financiera y llena de dudas después de perder su trabajo. Un estudio demuestra que, en momentos como ese, la gente que llevó a cabo un programa para cultivar la inteligencia emocional a través del exitoso proyecto de reempleo, el programa Michigan JOBS, establecido por un grupo en la Universidad de Michigan después de una ola de recortes laborales en la industria automotriz del estado, encontró trabajo más rápido y de mejor calidad en comparación a la gente que no lo hizo.

"Esto funciona para todos —tanto para el vicepresidente que despidieron como para el empleado que limpiaba su oficina" dice Rebert Caplan, (Jefe del programa de comportamiento organizacional en la Universidad George Washington y cofundador del programa JOBS junto con Richard Price, sicólogo de la Universidad de Michigan).

Las habilidades que se requieren en una crisis así son optimismo, autoconfianza, autoafirmación y autocontrol emocional, crear una red de contactos y ser determinante. La ausencia de dichas cualidades puede manifestarse en sentimientos de impotencia, debilidad y dudas de uno mismo. Por el contrario, la gente con autoconfianza se considera eficaz, capaz de enfrentarse a nuevos retos y de dominar nuevos empleos o habilidades. Este tipo de fortaleza interior le da el valor de la certeza necesario para tomar decisiones adecuadas y para mantenerse tranquilo ante la adversidad.

¿Qué es exactamente lo que hace que una persona se sienta insegura sicológicamente ante la pérdida de su trabajo? ¿Es sólo la pérdida del ingreso? Sicólogos como Jahoda, Eisenberg y Lazarsfeld atribuyen este sentimiento a otros factores latentes como la pérdida de la estructura del tiempo, del contacto social fuera de la familia, de la unión a metas o propósitos mayores, de estatus o identidad personal y de la actividad impuesta. Una persona que se vuelve desempleada es privada de la función manifiesta (el factor ingreso) y de las funciones latentes del empleo, lo cual puede conducir a un estado sicológico negativo que se traduzca en muchas enfermedades sicosomáticas, incluyendo ataques cardiacos. En Australia, un estudio demostró que los desempleados, en comparación con los empleados, reportaron más síntomas de bronquitis, problemas de oídos, nariz y garganta y alergias. En un estudio británico similar se encontraron resultados idénticos con complicaciones como enfermedad pulmonar obstructiva y enfermedad coronaria (Hayes y Nutmen, 1981).

A diferencia del coeficiente intelectual, el coeficiente emocional puede cultivarse y mejorarse por medio de entrenamiento y con la edad. Se ha demostrado que las personas despedidas que se enfrentaron a la dura experiencia de buscar un nuevo trabajo, se beneficiaron enormemente de los entrenamientos para el cultivo del coeficiente emocional. "Funciona incluso para quienes padecen depresión clínica, como muchas personas después de haber perdido su empleo", asegura Caplan.

En resumen, se inculcan dos grupos de habilidades en la gente que busca empleo a través de dichos entrenamientos: habilidades prácticas (como identificar talentos de valor comercial y establecer una red de contactos para estar pendiente de las oportunidades) y capacidad interna de recuperación que les permita capitalizar su valor.

Por el contrario, la ausencia de estos resultados y las tendencias sicológicas negativas como depresión, alcoholismo y luchas conyugales. Anticiparse a estos comportamientos neuróticos y cultivar la respuesta interior aminora la carga emocional y acelera el tiempo de recuperación.

Para medir tus recursos interiores responde el siguiente cuestionario y reflexiona.

Suponiendo que te despidieron del trabajo y estás buscando empleo, ¿qué nivel de inteligencia emocional usarías para manejar esta faceta crucial en tu vida?

Contesta con **"Sí" o "No"**

Tu tendencia sería a:

1. ¿Tener sentimientos de impotencia y considerarte objeto de lástima?
2. ¿Sentir envidia por quienes tienen un empleo remunerado y considerar que son más afortunados que tú?
3. ¿Experimentar satisfacción y un sentido de bienestar sicológico indirecto a través de tus hijos que tienen un empleo seguro?

4. ¿Permanecer inmutable y sereno a pesar de la incertidumbre de los momentos difíciles y con la esperanza de que tu situación se resolverá con el paso del tiempo?
5. ¿Te presentas con la ecuanimidad que da la autoseguridad, la autovalía y tus aptitudes?
6. ¿Piensas de manera clara y permaneces centrado cuando estás bajo presión?
7. ¿Eres consciente de tus sentimientos violentos y observas escrupulosamente tu estatus emocional?
8. ¿Estás consciente de que siempre es mejor estar abierto a las nuevas situaciones y ser flexible al responder al cambio?
9. ¿Buscas información de manera inteligente al establecer una red de contactos de oportunidades de empleo en diferentes áreas puesto que la mayoría de los trabajos se encuentra a través de los contactos personales?
10. ¿Tomas posibilidades nuevas y riesgos en tu manera de pensar?
11. ¿Adaptas tus respuestas y tácticas para que encajen en las circunstancias?
12. ¿Permaneces flexible en la forma en que ves los eventos?
13. ¿Actúas con cuidado al tomar una decisión para un nuevo empleo en dirección puesto que la primera oferta que llega no necesariamente es la que se debe elegir?
14. ¿Analizas cuidadosamente la nueva oferta en contraste con tus valores personales y tus objetivos de trabajo?
15. ¿Ejercitas autocontrol emocional de manera que los sentimientos estresantes no te abrumen ni te paralicen, lo cual dificulta que hagas el esfuerzo necesario?
16. ¿Constantemente te inyectas dosis de optimismo para eliminar al derrotismo frente a la incertidumbre y el fracaso?
17. ¿Te recuerdas que los rechazos son una parte inevitable de la búsqueda de empleo y que la falta de ánimo puede volverse desesperación?
18. ¿Permaneces concentrado en los escalones inmediatos que puedes controlar, de manera que cada escalón completado con éxito aumenta tu confianza para subir al siguiente?

Puntuación

Respuestas correctas:

Oraciones 1 y 2; "No"
Oraciones 3 a 18; "Sí"

Interpretación

Si tu puntuación es de:

13 a 18: Tu inteligencia emocional es excelente
7 a 12: Tu inteligencia emocional es buena
1 a 6: Tu inteligencia emocional es poca

Necesitas una vacuna en contra del derrotismo. Desarrolla tu autoconfianza y autoestima a través del autocontrol emocional de manera que los sentimientos de depresión no abrumen o paralicen tu creatividad. Establece redes de contactos personales puesto que la mayoría de los empleos se encuentran por medio de los contactos personales.

■♦■

¿Eres capaz de contrarrestar la tensión?

En la era moderna que avanza agitada y deprisa, la mayoría de la gente de nuestra civilización experimenta estrés en un momento u otro. Ya sea de manera directa o indirecta, el estrés se ha convertido en un contribuyente importante de enfermedades coronarias, cáncer, padecimientos pulmonares, lesiones accidentales, cirrosis del hígado y suicidio. Parece que el estrés se ha vuelto el precio que hay que pagar por volverse acaudalado y exitoso. La gente que gana más dinero padece de más estrés que la gente que gana menos. De igual manera, la gente de mayor educación es más susceptible de sufrir más estrés.

En general, el estrés consiste en gran medida en la manera en que reaccionamos ante los eventos, no a los eventos mismos, de manera que nos provocamos mucho estrés. Cada uno reacciona al estrés de diferente manera, aunque se trate del mismo generador de estrés. Existen muchas formas en las que podemos intentar aliviar el estrés espontáneamente. Aunque estas respuestas tienden a suceder de manera automática, quizá operan en un alto nivel de conciencia. El buen manejo del estrés implica mucho más que basarse en las reacciones automáticas que lo reducen. Las principales técnicas a través de las cuales se puede reducir el estrés en gran medida son hacerse cargo, dirigir y controlar nuestras reacciones a los agentes estresantes y así, se modifica el estrés en conjunto, se modifica el ambiente y cambiamos nosotros mismos. Construir una mayor tolerancia al estrés y cambiar el ritmo de vida puede ser una gran ayuda para lograr nuestro objetivo.

Entonces, ¿eres una persona bien acoplada y experta para contrarrestar el estrés? Contesta el siguiente cuestionario y descubre tu aptitud para el manejo del estrés.

¿Sueles:

1. Levantarte con suficiente tiempo para evitar las prisas?
2. Poner una alarma para estar listo temprano?
3. Darte tiempo para desayunar?
4. Hacer una lista de cosas que hacer y pones primero las más importantes?
5. Darte tiempo suficiente para llegar a la escuela o al trabajo sin prisas?
6. Caminar a paso tranquilo?
7. Compartir por lo menos un alimento cada día con otra persona?
8. Evitar el exceso de cafeína, alcohol o drogas?
9. Tomar tiempo cada día para relajarte como salir a caminar, montar en bicicleta o darte un baño caliente?
10. Evitar el retraso y creer que mientras más pronto comiences una tarea, menos preocupación te causará?
11. Concentrarte en la tarea que estás realizando?
12. Darte tiempo para hablar con tus amigos?
13. Apartar tiempo regularmente para estudiar?
14. Planear tiempo para relajarte los fines de semana y romper el ciclo del estrés?
15. Anotar cosas que no alcanzas a hacer un día y te gustaría hacerlas al día siguiente?
16. Hacer cosas relajantes antes de acostarte, como leer un libro o escuchar música?
17. Controlar tus pensamientos inquietantes y empezar haciendo visualización creativa y meditación todos los días?

Puntuación

Da un punto por cada **"sí"** que hayas respondido.

Interpretación

De 11 a 17: Tienes talento natural para manejar muy bien el estrés y gozas de mejor salud mental y física que el resto. Al decidir alterar tu estilo de vida o modificar tu medio ambiente combates exitosamente las situaciones estresantes de la vida diaria. Tienes la inteligencia suficiente para manejar una situación estresante como si fuera un reto, sacas lo mejor de ti para tu crecimiento personal.

De 6 a 10: Tiendes a tomar el estrés en tu camino de manera tranquila. Tu actitud realista ante el estrés te permite manejarlo bien. Por lo general no te doblegas ante los sentimientos de impotencia incluso en las situaciones más difíciles. La mayoría de las veces, tu solidez sicológica te da poder para mantener un control razonable de ti mismo y de las situaciones estresantes que se presentan.

De 1 a 5: Eres una víctima del estrés atado la mayoría de las veces. No eres capaz de concentrarte y estás preocupado por los problemas, sientes que estás fallando. Una vez que comprendas de qué se trata el estrés podrás manejarlo mejor. Por ejemplo, si te gustan las actividades físicas prueba alguno de los siguientes relajadores: aerobics, natación, bicicleta, nadar, caminar, relajación progresiva o tomar un baño caliente o un sauna. Sin embargo, si eres más cerebral intenta meditar, escribir, leer, resolver crucigramas, ver televisión, escuchar música relajante, pintar, jugar ajedrez o juegos de cartas. En la mayoría de los casos puedes combinar varias opciones, lo importante es que funcionen bien para ti.

■♦■

¿Puedes manejar eficazmente los conflictos en tu organización?

Los conflictos en las organizaciones son inevitables debido a los diferentes estilos de personalidad y a las orientaciones laborales de sus miembros. Cuando se analizan y se manejan abiertamente, los conflictos pueden mejorar a la organización por medio de la estimulación de sus grupos a que sean creativos y hagan un compromiso organizacional. Aprender acerca de medios alternativos para manejar el conflicto da al director una gama más amplia de opciones de acción para cualquier situación.

Como director, ¿cuál de las siguientes estrategias sueles utilizar en el manejo de conflictos en tu organización?

1. Cuando alguien te molesta tiendes a
   a) ¿Ignorar el tema que te molesta y "deshacerte" de él?
   b) ¿Necesitar un periodo para enfriarte con un tiempo acordado para tratar el asunto más tarde?
   c) ¿Trabajar con el tema antes de que se vuelva intolerable?

2. Si tu organización cuenta con un profesional de recursos humanos en la plantilla, prefieres
   a) Ignorarlo y actuar de acuerdo a tus habilidades y potencial para resolver conflictos.
   b) Consultarlo para que te sugiera cómo abordar un problema.
   c) Te sientes amenazado por su experiencia y te rodeas de tus subordinados.

3. Si alguien te adula constantemente y se queja de alguien que no está presente, tú
   a) ¿Crees en su palabra y te sientes halagado por la atención que te da?
   b) ¿Tratas a la otra persona con prejuicios?
   c) ¿Le sugieres que hable directamente con la otra persona y termine con el conflicto bajo tu orientación o la de un profesional de recursos humanos?

4. Si algún miembro de tu organización está en desacuerdo contigo acerca de un tema, tú
   a) ¿Consideras que esa persona es hostil y mala?
   b) ¿Buscas a otros miembros del grupo que siempre estén de acuerdo contigo y te sientes más cómodo con ellos?
   c) ¿Recuerdas que no pasa nada si no concuerdan, que la relación no se destruye y que incluso puede mejorar si buscan una situación satisfactoria para los dos frente al conflicto?

5. Mientras estás solucionando un tema conflictivo, ¿qué haces?
   a) Buscar una solución en donde ambas partes salgan beneficiadas, es decir, buscas un arreglo por medio del cual tú y la otra persona "salgan ganando".
   b) Haces tu mejor esfuerzo para ponerte en los zapatos de la otra persona.
   c) Estás dispuesto a hacerte responsable de parte del problema (evitas pensar "ese no es mi problema").
   d) Recuerdas que hablar sobre tus sentimientos es más efectivo que dejarte llevar por ellos.
   e) Establecer una meta en común y mantenerte enfocado en ella.
   f) Al final de la discusión con la otra persona, haces un resumen de lo que decidieron y establecen quién tomará el siguiente paso.

6. Cuando estás dando retroalimentación a tus empleados, tú generalmente

a) ¿Describes el comportamiento de la otra persona de manera objetiva exponiendo tu propia reacción a dicho comportamiento?
b) ¿Utilizas lenguaje crítico?
c) ¿Utilizas términos generales como adjetivos y etiquetas?

7. Durante una interacción personal con los miembros de tu grupo, ¿sueles
a) Hablar acerca de lo que quieres y consideras que tus propias necesidades son prioritarias?
b) Escuchar con paciencia la versión de la otra persona a quien estás retroalimentando y consideras que sus necesidades son igual de importantes?
c) Por lo general, haces que tus empleados den retroalimentación aunque no haya sido solicitado?

8. Cuando resuelves un conflicto, tu consideración más importante es
a) Favorecer sólo a tus aduladores favoritos.
b) Los principios y el objetivo de la organización y el bien de la misma.
c) Aumentar tu ego personal y tu popularidad por estar en la lista buena de la mayoría de tus empleados.

9. En el ambiente competitivo de tu organización, ¿tú
a) Prefieres asignar tareas importantes y de prestigio sólo a unos cuantos que son tus favoritos para así aumentar sus oportunidades de ascenso?
b) Sobrecargas a determinados empleados de tu organización asignándoles tareas sin importancia que no implica incentivo alguno?
c) Empleas métodos para que tus empleados trabajen juntos en equipo y les organizas reuniones informales?

10. ¿Qué haces si un subordinado tuyo comete un error en una situación conflictiva?
a) Rechazas a la persona que cometió el error.
b) Lo tomas como una experiencia que enseña una lección para evitar errores similares y mejorar el rendimiento para el futuro.

c) Actúas con prejuicio ante la persona que se equivocó.

Puntuación

Da un punto por cada respuesta **correcta**.

Respuestas correctas:
1. c)
2. b)
3. c)
4. c)
5. **Da un punto por cada punto que hagas**
6. a)
7. b)
8. b)
9. c)
10. b)

Puntuación máxima: 14

Interpretación

De 9 a 14: ¡Felicidades! Eres un experto en prevenir y resolver conflictos de dirección. Manejas la motivación de tus empleados en el trabajo gracias a tu comunicación abierta y por el reconocimiento que das a tus subordinados. Crees en la creación de un clima de credibilidad en el que se provea igualdad de oportunidades para el crecimiento de tus empleados. Promueves un refuerzo positivo en un clima de empatía, confianza y entendimiento de las necesidades de tus colaboradores.

De 5 a 8: Sigues un buen método para tratar con tus empleados. En tu interacción con ellos tienes la capacidad de manejar los conflictos interpersonales de manera justa y objetiva.

De 1 a 4: Necesitas aprender a desarrollar los recursos humanos de manera efectiva y a manejar los conflictos organizacionales. El conflicto puede ser distributivo y constructivo, pero cuando se maneja mal puede destruir la efectividad del grupo; y cuando se maneja de manera adecuada aumenta la calidad del trabajo del grupo y restaura el orgullo de sus miembros. Entrénate para entender las dinámicas del manejo de conflictos. En primer lugar, no consideres que los conflictos son de naturaleza negativa ni algo que debes evitar; al contrario, son muy constructivos si sabes manejarlos bien, de hecho, es esencial para resolver de manera efectiva las discusiones. Aprende los métodos constructivos para manejarlas. Es necesario que entrenes a tus subordinados en cómo estar en desacuerdo productivamente para fomentar la creatividad, el espíritu de equipo y el compromiso con las metas de grupo.

Maneja los conflictos inevitables con:

a) *Desensibilización sistemática:* Realiza técnicas de relajación imaginando lúcidamente el conflicto amenazador hasta que te sientas tenso y entonces comienza de nuevo las técnicas de relajación. Repite hasta que la crisis haya terminado.
b) *Relajación aplicada:* Condiciónate a relajarte cuando la crisis es inminente.
c) *Concentración y monitoreo:* Concéntrate en el aquí y ahora durante una crisis más que en que podría haber pasado o en qué pasó, y en la expresión de autocontrol de tu cuerpo.
d) *En perspectiva:* Creer que "esto también va a terminar" es liberador. Las situaciones rara vez resultan tan mal como lo esperábamos.
e) *Alto o desvío del pensamiento:* Al bloquear conscientemente los pensamientos que provocan ansiedad podemos restaurar nuestro equilibrio emocional.

■♦■

¿Puedes interactuar bien con los diferentes tipos de personalidad?

Todos pasamos buena parte del día interactuando con compañeros del trabajo, jefes, gente de otros departamentos, clientes, proveedores y agentes de ventas. Por esta razón estamos familiarizados con los principios y la mecánica de la interacción, pero no así con la dinámica de negociar de manera diferente con los distintos tipos de seres humanos. Cada uno de los cinco millones de habitantes de este planeta es único, aunque compartimos características similares con algunos y tenemos diferencias con otros. Por esta razón no hay dos negociaciones iguales y, como resultado, aprender sólo una forma de negociar nos pone en desventaja, pues sólo funciona para gente que encaja en un molde específico —y existen muchos diferentes.

La Personalidad Negociadora es un método conductual del método de interacción que te permite utilizar tus habilidades naturales de comunicación y observación para entender mejor el estilo de negociación de los demás. Esto se logra descubriendo y aplicando las características de tu personalidad y las de la gente con la que interactúas. Entender la forma en que estas características de personalidad influyen sobre el comportamiento te permite adaptar tu patrón de conducta a ellos. La teoría de la personalidad en la Personalidad Negociadora se basa en el trabajo de tipos de personalidad de Carl Jung. Hoy en día se utiliza principalmente en negocios como herramienta de desarrollo de dirección. Miles de compañías como Apple Computers, ITT y Digital Equipment Corporation manejaron, más de dos millones de veces al año, el indicador de Tipo Myres-Briggs (ITMB), desarrollado por las sicólogas Isabel Myres y Katherine Briggs, y otro tipo de medidor de la personalidad jungiana. Esta teoría describe y clasifica el comportamiento en cuatro formas y cada categoría tiene dos preferencias alternantes. Las cuatro categorías son:

a) Introvertido/ Extrovertido
b) Sensitivo/ Intuitivo
c) Pensante/ Sensible
d) Crítico/ Perceptivo

¿Cuál eres tú? Para descubrir cuál es tu tipo de personalidad, y también la de aquellos con quienes interactúas, responde al siguiente cuestionario, el cual te dará una idea de tus preferencias. El cuestionario está basado en las respuestas que dieron los participantes de los seminarios de entrenamiento sobre ventas y negociación de la compañía MBTI.

También aprende a utilizar las distintas estrategias especiales para cada tipo de personalidad para tu excelente interacción con ellas. Lee cada oración y encierra la respuesta A o B en un círculo, según la que concuerde contigo. No hay respuestas correctas ni incorrectas ni mejores.

1. Si alguien te hace una pregunta, tú generalmente:
   a) Reflexionas unos instantes y después contestas.
   b) Respondes rápidamente.

2. ¿Te gustan:
   a) Las juntas cortas?
   b) Las juntas largas?

3. Prefieres salir con tus amigos a:
   a) Un restaurante tranquilo.
   b) Una fiesta ruidosa.

4. Los días en los que más cansado te sientes son:
   a) En los que conoces mucha gente nueva.
   b) En los que estás solo.

5. ¿Qué prefieres?
   a) ¿Presentarte tú mismo a alguien que no conoces?
   b) ¿Qué alguien te lo presente?
6. Si durante una conversación hay un periodo largo de silencio, tú tiendes a:
   a) Llenarlo.
   b) Aprovecharlo para pensar.
7. Cuando describes algo:
   a) ¿Lo describes literalmente?
   b) ¿Lo describes conceptualmente?
8. Si alguien te da una propuesta por escrito con una presentación informal, tú:
   a) ¿Consideras que está mal?
   b) ¿Quizá ni te des cuenta o ni te moleste?
9. ¿Tiendes a:
   a) Darte cuenta de las pequeñas cosas?
   b) No darte cuenta de las pequeñas cosas?
10. ¿Prefieres comprar cosas que:
    a) Sean lo último y lo mejor?
    b) Estén probadas y sean verdaderas?
11. Cuando tomas una decisión, lo que más te importa saber es:
    a) ¿De qué manera concuerda con tus planes a futuro?
    b) ¿Cómo te beneficia de forma inmediata?
12. ¿Hacia qué te inclinas más?
    a) Conceptos relacionados a los hechos.
    b) Hechos relacionados a los conceptos.
13. Cuando compras algo para alguien más, ¿te preocupa más que:
    a) Estés comprando el regalo adecuado?
    b) Le guste lo que escogiste?

14. Cuando piensas en varias personas que tienen mucho en común, ¿tu tendencia es pensar en ellos:
    a) Como grupo?
    b) Como individuos?

15. ¿Cómo haces tus decisiones de compra?
    a) De forma racional y precisa.
    b) De forma emocional.

16. Te gusta tratar con la gente que es:
    a) Buena.
    b) Predecible.

17. ¿Qué haces si estás en una negociación y dos personas están discutiendo?
    a) Te sientes incómodo por la falta de armonía.
    b) Asumes que el conflicto interpersonal es inevitable.

18. Después de intentar de contentar a alguien malhumorado y no lograrlo:
    a) ¿Sigues intentándolo hasta lograr tu objetivo?
    b) ¿Te das por vencido?

19. Tiendes a tener preferencia por los días:
    a) Con una agenda muy apretada.
    b) Espontáneos.

20. Si tomas una mala decisión:
    a) ¿Sientes que era lo mejor para ese momento?
    b) ¿Sientes que te apresuraste?

21. Si te dan un tiempo límite para tomar una decisión y no es tiempo suficiente:
    a) ¿La tomas de todas maneras con la información que tienes?
    b) ¿Dejas que termine el plazo hasta que tengas toda la información?

22. Si estás en el bosque y te encuentras una bifurcación, ¿cuál tomarías?
    a) El camino menos transitado.
    b) El camino más transitado.

23. Acabas de tomar una decisión muy importante, ¿cómo te sientes?
   a) Preocupado porque no fue lo mejor.
   b) Aliviado porque la decisión terminó.

24. Cuando compras algo con varias opciones:
   a) ¿Tomas la decisión cuando te sientes cómodo por tener suficiente información?
   b) ¿Te pones un límite para tomar una decisión final y haces lo posible por reunir información antes del límite?

Puntuación

Escala de Introversión/ Extroversión

Suma las respuestas a) de las preguntas 1, 2 y 3
Suma las respuestas b) de las preguntas 4, 5 y 6
Escribe el total aquí ________ I/E

Si tu puntuación total es 4 o más, eres una persona introvertida; si tienes menos de 4 eres una persona extrovertida.

Escala de Sensitivo/ Intuitivo

Suma las respuestas a) de las preguntas 7, 8 y 9
Suma las respuestas b) de las preguntas 10, 11 y 12
Escribe el total aquí ________ S/I

Si tu puntuación total es 4 o más, eres una persona de tipo **sensitivo**; si tienes menos de 4 eres del tipo **intuitivo**.

Escala Pensante/ Sensible

Suma las respuestas a) de las preguntas 13, 14 y 15
Suma las respuestas b) de las preguntas 16, 17 y 18
Escribe el total aquí ________ **P/S**

Si tu puntuación total es 4 o más, eres una persona del tipo **pensante**; si tienes menos de 4 eres del tipo **sensible**.

Escala Crítico/ Perceptivo

Suma las respuestas a) de las preguntas 19, 20 y 21
Suma las respuestas b) de las preguntas 22, 23 y 24
Escribe el total aquí ________ C/P

Si tu puntuación total es 4 o más, eres del tipo **crítico**; si tienes menos de 4 eres del tipo **perceptivo**.

Cómo negociar con los diferentes tipos de personalidad

Con base en las preguntas anteriores determina el tipo de personalidad de la gente con la que interactúas. Puede haber varias combinaciones de estos tipos básicos de personalidad. Utiliza las siguientes estrategias cuando negocies con alguien que sea:

1. *Del tipo Extrovertido, Sensible, Pensante, Crítico (ESPC):*

Prepara propuestas bien organizadas, bien presentadas, con muchos detalles y mucha información. Nunca hagas suposiciones con ellas porque este tipo de personas son muy buenas para analizar los hechos de manera lógica, y una suposición errónea puede perder su confianza. Presenta soluciones tradicionales y conservadoras. Las nuevas ideas requieren apoyo de evidencia basada en los hechos.

2. *Del tipo Extrovertido, Sensitivo, Pensante, Perceptivo (ESPP):*

Puedes esperar que te hagan preguntas sobre los hechos mientras están pensando para sí mismos "¿qué tan lógico es esto?". Por lo tanto enséñales los beneficios prácticos de la propuesta. Si es posible dales prototipos o modelos que proporcionen la viabilidad de la solución.

3. *Del tipo Introvertido, Sensitivo, Pensante, Perceptivo (ISPP):*

Son expertos en solucionar problemas. Toman decisiones espontáneas excelentes y responden de manera rápida y correcta en medio de una crisis. Algunos de los mejores generales eran ISPP. Tienen una función dominante de pensamiento que es introvertida. Si tu sugerencia ayuda a resolver una crisis es posible que la negociación sea breve. Mándales una copia de tus ideas donde des detalles de los beneficios inmediatos. Presenta tu información de manera ordenada y lógica. No seas demasiado teórico. Les disgustan las negociaciones largas, forzadas y tediosas. Se aburren cuando no hay crisis en las negociaciones.

4. *Del tipo Introvertido, Sensitivo, Pensante, Crítico (ISPC):*

Puesto que este tipo de personas tiene una función dominante sensitiva e introvertida, algunas veces se muestran renuentes a las nuevas ideas debido a su estructura tradicional y su función intuitiva inferior. Se inclinan a ver de manera escéptica cualquier cosa que no sea tradicional. Tienden a pensar "¿Cuáles son los detalles que faltan?" No les gustan las propuestas mal organizadas ni mal presentadas, tampoco las ideas "descabelladas", en especial las que no se basan en los hechos. Es muy raro que cometan errores con base en los hechos. Prepara propuestas con mucho detalle, bien cimentadas, bien organizadas y bien presentadas, y mándaselas antes de la reunión. Así les darás tiempo de revisarlas en privado y a profundidad para que entiendan totalmente y valoren tus sugerencias. Establece la fecha para la reunión con mucho tiempo de anticipación y asegúrate de que las juntas no se alarguen de manera innecesaria.

El uso de estos estilos de personalidad para negociar debe centrarse en las fortalezas de tus interacciones para que salgas triunfador.

■◆■

Sueña y tendrás éxito

Todos atesoramos el éxito pero sigue siendo un misterio para la mayoría. Sin embargo, no importa dónde estás, quién eres, qué has logrado, cuando, dónde o porqué has fracasado en la vida, es necesario que aprendas el arte de soñar. ¡Cualquiera puede hacerlo! ¡Cualquiera puede planear! Hay una canción que dice "Puedes pedir el deseo que quieras sin importar quién seas". El éxito será eterno y el fracaso nunca será rotundo para las personas que tienen la capacidad de soñar. "El éxito, cuando se considera desde una actitud mental positiva, es un proceso. Es un viaje —no el destino final" dice el Dr. Robert Schuller, autor de best-sellers como *'Los tiempos duros no duran, pero la gente dura sí'*.

El éxito es el proceso de manejar tu mejor bien —TÚ. Por lo general se trata de encontrar una necesidad y satisfacerla. Encontrar una herida y sanarla. Encontrar un problema y resolverlo. Tú también puedes encontrar la motivación para seguir tus sueños y las herramientas necesarias para hacerlo realidad. El secreto del éxito radica en mantener vivos tus sueños. La mayoría de las personas que ha obtenido grandes logros ¡lo hizo porque quería hacerlo! Un deseo apasionado de lograr fue el motor que los impulsó —¡y es gente que cree que los sueños se hacen realidad! Como dice la ley del éxito, "si puedes soñarlo, puedes hacerlo". Ésta es la esencia del pensamiento positivo.

¿Sabes cuál es la cualidad que encontramos en la actividad mental de todos los soñadores? La respuesta es "Curiosidad Creativa". La curiosidad es la porción dinámica de la mente que provoca las preguntas que liberan la creatividad. Esa curiosidad fue lo que guió a Newton a descubrir la ley de la gravedad.

Los pensadores positivos tienden a hacerse preguntas que provocan confianza. Preguntas como "¿por qué es imposible?", "¿qué hace falta para que esta imposibilidad se vuelva posibilidad?", "¿dónde puedo encontrar financiamiento para hacer que suceda?", "¿sería posible si tuviera el equipo adecuado?", "¿los materiales adecuados?", "¿más tiempo?" Este tipo de preguntas refleja curiosidad creativa —"Si otros pueden lograr algo a partir de nada, ¿por qué yo no?", "Si otros que tenían calificaciones tan malas como las mías, o peores, ahora son abogados, ministros, contadores o doctores, ¿por qué yo no?".

Y entonces, las preguntas adecuadas provocan soluciones creativas —preguntas como —"¿A quién pudo habérsele ocurrido la solución a este problema?", "¿qué tipo de habilidades y talentos necesito para convertir este problema en una posibilidad?", "¿si lo malo se vuelve peor, todavía puedo hacer que este obstáculo se vuelva una oportunidad?", "¿darle luz a la oscuridad?".

Es interesante que hacerte este tipo de preguntas te convierta en emprendedor, puesto que nadie más puede motivarte hasta que no lo hagas tú. Hazte preguntas que saquen la energía de tu interior. Las dos palabras mágicas: "Puedo hacerlo" están llenas de poder. Tú también puedes gozar del poder de estas palabras si las vocalizas en tu psique y cambias tu actitud negativa por una positiva. Desgraciadamente, muchas personas educadas con muchos diplomas están en la parte inferior de las escaleras. Y no nos sorprende que por encima de ellos estén muchas personas con menos educación formal, pero con mayor inteligencia emocional. La diferencia es que tienen la certeza de que la *actitud es más importante que el conocimiento.* La actitud es el alma de la sabiduría, la cual es el principio y el final del logro. Y cuando tienes la sabiduría de ser un pensador positivo eres sabio. Tienes lo necesario para afrontar las dificultades y "la habilidad de confrontar las cosas es muy importante para tener éxito en la carrera, y quizá para tener éxito en la vida", dice Amy Digeso, presidenta del Club Popular de la revista Fordham. Como dice

Mike Murdoch, autor de *101 Claves para la sabiduría*, "sólo serás recordado por dos cosas: por los problemas que resolviste o por los que creaste".

¿Te interesa saber en dónde estás parado al respecto? ¡Bien! Reflexiona, prepárate y contesta de manera honesta a las preguntas del siguiente cuestionario:

1. ¿En tu patrón de pensamiento, tiendes a usar la palabra "imposible"?
2. ¿Estás enamorado de tus pensamientos, es decir, los deseas *apasionadamente* con todo tu corazón?
3. ¿La mayor parte del tiempo estás listo para elegir una actitud mental positiva frente al CAMBIO, es decir, no lo consideras una amenaza sino una base de esperanza?
4. ¿Tienes una actitud mental positiva hacia ti mismo?
5. ¿Terminas tus planes y consideras que eres el líder de tu propio destino en gran medida?
6. ¿Sueles retrasarte cuando te enfrentas a tareas difíciles?
7. ¿Cómo consideras que son tus problemas? Responde "sí" o "no" a las siguientes preguntas:
   a) Naturales.
   b) Aceptas tu responsabilidad por tus problemas personales.
   c) Los problemas no son "problemas", sino una colección de un par, algunos o muchos problemas que encierran varias complejidades que requieren ser divididas y abordadas por separado.
   d) Todo problema tiene su solución, en algún lugar.
   e) Todo problema viene intrínseca e inherentemente embarazado de alguna posibilidad positiva.
   f) Cada problema debe considerarse como resoluble, manejable o explotable.
   g) Todo problema es temporal.
   h) La mayoría de los problemas no lo son realmente.
   i) Ningún problema imposible es totalmente imposible.

8. ¿Tienes una actitud mental positiva hacia la gente, es decir, crees lo mejor de ella y te quedas con lo mejor de ella?

9. ¿La mayor parte del tiempo haces un esfuerzo consciente para evitar que los problemas personales de ego bloqueen relaciones sanas y constructivas con gente buena que marca la diferencia entre tu fracaso desastroso o tu éxito glorioso?
10. ¿Mantienes una actitud mental positiva hacia tu ser emocional, es decir, hacia los cambios de humor que van y vienen en tu vida?
11. ¿Eres capaz de esterilizar tu ACTITUD igual que un doctor se protege para no contagiarse de infecciones, es decir, cambias la programación negativa de tus actitudes que pueden ser distorsiones que se despegan de tus suposiciones negativas?
12. ¿Analizas a menudo tus valores y los mantienes en la mira?
13. ¿Clasificas tus bienes con frecuencia, tanto los materiales como los inmateriales, conocimiento, experiencia, libertad, amistades, fe, sin olvidar tu potencial oculto sin desarrollar?
14. ¿Sacas ventaja de tus experiencias, es decir, consideras que tus fracasos son inversiones que pueden aumentar tu productividad?
15. ¿Das prioridad a tus metas y reorganizas tu calendario?
16. ¿Visualizas tus objetivos con frecuencia y activas tus recursos para conseguirlos?
17. ¿Imprimes vigor frecuentemente a tus pensamientos?
18. ¿Organizas tu red de contactos, de amigos, compañeros de trabajo o vendedores y la desarrollas como corresponde?
19. ¿Armonizas tus conflictos, tus conflictos internos, y manejas las inevitables contradicciones?
20. ¿Rezas para pedir guía divina para que tus sueños se vuelvan realidad?
21. ¿Infundes nueva fuerza a tu imaginación, es decir, la reavivas y la renuevas al relacionarte con gente que de manera genuina afirma tu valía y así, conforme recibes y respetas sus cumplidos, comienzas a creer en ti mismo?
22. ¿Con frecuencia te deshaces del "miedo al fracaso" diciendo "adiós fracaso" y "¡hola éxito!"?

Puntuación

La respuesta a las preguntas 1 y 6 es "No".
La respuesta al resto de las preguntas es "Sí".

Interpretación

60% o más: ¡Felicidades! Eres un emprendedor que no se da por vencido y está dispuesto a realizar sus sueños. Busca la manera de expandirte y crecer y sigue soñando creativamente. Tienes el entusiasmo para volver realidad tus sueños.

Menos del 60%: Parece que te falta el impulso y la confianza para hacer de ello un hábito en tu vida. Haz un esfuerzo y deja que tus emociones positivas se recarguen con estas iniciales productoras de energía —"CPAIVD"— ¡y lo lograrás!

C = Comienza poco a poco.
P = Piensa en las posibilidades.
A = Alcanza un poco más.
I = Invierte sensatamente.
V = Visualiza tu éxito.
D = Desarrolla cuidadosamente.

Da color al lugar donde trabajas

El mundo de la naturaleza es en verdad una sinfonía de colores que expresa emanaciones de rayos de luz, ya sea de tonalidades delicadas en el amanecer, los vívidos tintes del atardecer, la gloria del arco iris o la grandeza centelleante de las flores en primavera.

De manera similar, es de gran importancia que crees colores armoniosos en tu lugar de trabajo, de acuerdo a tu tipo de personalidad. Los colores afectan tu estilo de trabajar y también tu estilo de vida.

La ciencia oculta asegura que el Sol central emana grandes rayos vibratorios u ondas de luz calificados como siete rayos vibratorios principales de los cuales brotan los siete tipos básicos de mentalidad y temperamento humano —violeta, índigo, azul, verde, amarillo, naranja y rojo. Cada una de estas tonalidades se divide en varias subtonalidades.

Los antiguos egipcios formularon por primera vez la doctrina de la correspondencia entre los colores y la constitución humana, la cual está relacionada de manera particular para simbolizar el aspecto físico-etéreo (cuerpo corporal), el astral-mental (el alma) y el espiritual-consciente (el espíritu) de la psique humana.

Los colores en su misterioso esplendor tienen una manera sutil de denotar tus tipos de personalidad. De hecho son un lenguaje etéreo de tu autoexpresión. El color que eliges reflejado en tu vestir, en tu guardarropa, en tu sala e incluso en los accesorios de tu baño es una extensión de tu ser interior que influye sobre tu estilo de vida. Investiga su sutil influencia sobre tu persona a medida que contestas el siguiente cuestionario.

Marca el color/ los colores según tu preferencia y descubre las cualidades latentes en tu tipo de personalidad único.

Rojo	Naranja	Amarillo	Verde	Azul
Negro	Rosa	Plata	Blanco	

Interpretación

Rojo: El vibrante rojo es el símbolo de la vida y refleja fuerza y vitalidad, propensión física fuerte, mente y voluntad fuertes y, por lo general, una perspectiva materialista de la vida. Refleja una naturaleza muy cálida y afectiva, y la más profunda de las pasiones humanas; fuerte y dominante —es el tipo al que llamamos "personalidad magnética".

Naranja: Los practicantes del yoga le llaman el "alma de la energía". Revela una personalidad vital, energética y activa —una persona "llena de vida". De hecho, este tipo de personas domina a sus semejantes con la sola fuerza de sus cualidades vitales. Los escritores antiguos consideraban a este color como sabiduría expresiva o poder razonador.

Amarillo: Las doradas tonalidades del amarillo reflejan cualidades del alma, la fuerza astral-mental. Simboliza pensamiento y concentración mental, la presencia del intelecto. El amarillo dorado brillante tiene un significado espiritual, lo cual explica que se utilice en ceremonias religiosas. Posee el poder de disipar el miedo y la preocupación pues tiene un elemento estimulante que ayuda en ciertos tipos de nerviosismo. Estimula a la mente y al cuerpo. Como regla, denota un alma que está desarrollando cualidades espirituales.

Verde: Generalmente indica individualismo, regeneración, energía y abastecimiento. Es el elemento subyacente del ego. El rayo verde gobierna al crecimiento individual, como la semilla en crecimiento. La gente exitosa y próspera invariablemente presenta preferencia por tonos de verde. Gobierna el reino mental, indica multiplicidad de ideas y representa la libertad de las ataduras, la independencia y una nueva vida. Es extremadamente bueno para la gente nerviosa debido a sus efectos curativos sobre la mente y los nervios, da un impulso fresco al alma.

Azul: Es el "color del Cielo", el azul representa la inspiración —el color espiritual. En los países orientales colocaban objetos pintados de azul en las tumbas para que ahuyentaran a los espíritus malignos. En China y Japón es el color de la fortuna. Denota una naturaleza artística y armoniosa, y entendimiento espiritual. Es el rayo de la Luna y siempre se le ha asociado con el aspecto femenino. En la iglesia romana, el azul es el color de la Virgen María. Un azul brillante denota autoconfianza y seguridad. La gente que elige mucho el color azul posee carácter sincero y son amigos leales.

Negro: Es una negación de color, se asocia con obras oscuras y actos diabólicos, indica odio, discordia y pensamientos malignos. Es un color de dolor y la más cruel combinación de aspectos malignos que se conoce.

Rosa: Los antiguos filósofos lo consideraban el color místico, denota un tipo de carácter tranquilo, refinado y modesto. Casi nunca se le asocia al gusto de la gente dogmática o agresiva. Se manifiesta en gente que gusta de una vida tranquila, con preferencia por la belleza y los alrededores artísticos. Esta gente manifiesta una gran devoción duradera.

Plata: Esos lindos vestidos de rayas plateadas solían ser ligeros y joviales, pero no reflejan personalidades predecibles. El color se lleva con la gente versátil, activa y dotada en todos los aspectos relacionados a movimiento, palabra, viajes, etcétera. Prueban muchas profesiones y negocios pero no son expertos en ninguno. Espera debilidad, inconsistencia y cambios de humor en donde predomine el color plata, y mantente alerta.

Blanco: Es un color neutral que simboliza la pureza, apertura, veracidad, serenidad, sensibilidad, sabiduría, refinamiento y espiritualidad. Representa los elementos "Satyam Shivam Sundaram" (amor, Dios y belleza) del cosmos, los aspectos dinámicos de la materia y el espíritu. Un aire de grandeza rodea a este color, denota un intento de conciencia hacia la perfección y la pureza. Casi siempre es la elección de los justos y de los aspirantes de la verdad en todas sus formas.

■◆■

¿Puedes interactuar bien en organizaciones interculturales?

En el mundo moderno, las compañías multinacionales, los mercados mundiales, los avances en la tecnología de la comunicación y la realidad del mundo global han creado un ambiente que requiere cada vez más que las organizaciones sean incluyentes y multiculturales. De esta manera, en tiempos actuales nos encontramos con la inevitable transición de lo mono-cultural a lo culturalmente diverso. Lograr que una organización sea inclusiva y multicultural requiere aceptar y adoptar que la diversidad es el camino al éxito. Se necesitan nuevos estilos de liderazgo, de pensamiento, de comunicación, de solución de problemas y de planeación estratégica. Requiere nuevas estructuras organizacionales, prácticas, beneficios, planes, patrones de comportamiento, valores, objetivos —en pocas palabras, una renovación completa del sistema.

La mayoría de las personas no sabe bien cómo interactuar dentro de un ambiente organizacional distinto al propio, o con gente que tiene preferencias culturales diferentes a las suyas. Esto sucede en particular en los grupos multiculturales o multifuncionales. Las preferencias en cuanto a interacciones personales, interacciones de grupo e información pueden variar de una cultura a otra así como varían de un individuo a otro, sin importar el origen cultural. Es necesario entender las preferencias interactivas de la gente para poder facilitarle un trabajo productivo en equipo.

Los escenarios multiculturales o multifuncionales proporcionan oportunidades para que aprendamos de nosotros mismos a través de los demás, así como de los demás y de sus culturas. Por lo general, las cosas adquieren un nuevo significado en el contexto de las orientaciones de otras culturas.

Es necesario que las organizaciones desarrollen expectativas reales en cuanto a los cambios que se avecinan. Por ejemplo, un programa de reclutamiento agresivo y multicultural sería contraproducente en una organización cuya cultura, prácticas y sistema de gratificación sean exclusivos y mono-culturales. Los estudiosos han identificado importantes dimensiones de la variabilidad cultural como el "contexto", que comprende el contexto inferior contra el contexto superior de la gente y las culturas, la socialización de la información y de la gente, de la orientación del espacio (orientaciones individuales monocromas contra policromas en cuanto al tiempo, designadas por Hall y Hall en 1990).

El siguiente cuestionario (basado en el modelo de desarrollo organizacional de Maurice Graham y Dwight Miller en la Universidad Brigham Young, en Hawai), te permitirá identificar tus tendencias a interactuar en las actividades de grupo de una organización en la que están involucradas más de una orientación cultural. Sin embargo, las respuestas sólo son útiles si respondes de manera honesta. Contesta a cada oración escribiendo en los espacios en blanco si estás de acuerdo o en desacuerdo en los siguientes grados:

TD = Totalmente en desacuerdo
D = Desacuerdo
MD = Moderadamente en Desacuerdo
MA = Moderadamente de Acuerdo
A = De Acuerdo
TA = Totalmente de Acuerdo

1. Trabajo mejor cuando compartimos información y después buscamos un consenso como grupo.
2. La información debe ser para todos y no deben controlarla algunos individuos o partes del grupo.
3. Es mejor que todas las decisiones sean aprobadas por todo el grupo.

4. Los expertos del grupo deben tener autorización para tomar las decisiones a nombre del grupo.
5. Saber los detalles de la información necesaria es más importante que saber quién los proporcionó.
6. Me impaciento cuando alguien intenta explicar algo que ya sé.
7. Confío en los miembros del grupo y apoyo su interés común aunque no esté de acuerdo con ellos.
8. Utilizo la diplomacia extrema para no avergonzar a nadie mientras estamos resolviendo un problema en el grupo.
9. Una vez que un objetivo tiene la autorización del grupo, se espera que sea respetado.
10. Yo decido por mí mismo qué debe hacerse y cómo debería hacerse.
11. Confronto directamente los problemas y los conflictos entre los miembros del grupo.
12. Me gustaría que las personas que trabajaron individualmente en las actividades del grupo sean más recompensadas que quienes no contribuyeron tanto.
13. Me siento molesto cuando hay personas en el grupo que permanecen distantes y no interactúan con los demás miembros.
14. Es mejor que el líder del grupo esté físicamente en un lugar donde todos los miembros puedan interactuar con él.
15. No me gusta hacer mi trabajo solo o estar separado del grupo.
16. No quiero que me interrumpan cuando estoy trabajando o pensando sobre un problema.
17. Prefiero trabajar solo hasta que esté listo para reunirme con el resto del grupo.
18. Al realizar un trabajo en grupo, prefiero trabajar con gente que piensa igual que yo.
19. Me gustaría tener mucho tiempo y flexibilidad para clasificar las diferentes personalidades del grupo.
20. Es más importante tomarse el tiempo necesario para desarrollar o compartir ideas antes de tomar una decisión que cumplir con el fin del plazo.
21. Los planes siempre deberían estar abiertos al cambio.

22. Un grupo no debe dejar de trabajar o de debatir hasta que no se encuentre una solución o se tome una decisión.
23. El grupo debe manejar sólo una cuestión a la vez hasta que no se llegue a un acuerdo.
24. Cuando el grupo termina su trabajo es mejor seguir adelante y formar nuevas relaciones.

Interpretación

Las oraciones reflejan las siguientes dimensiones de variabilidad cultural:

1. Socialización de la información

Las oraciones 1, 2 y 3 reflejan un alto flujo compartido.
Las oraciones 4, 5 y 6 reflejan un flujo controlado.

2. Socialización de la gente

Las oraciones 7, 8 y 9 reflejan tendencias colectivistas.
Las oraciones 10, 11 y 12 reflejan tendencias individualistas.

3. Orientación del espacio

Las oraciones 13, 14 y 15 reflejan tendencias compartidas.
Las oraciones 16, 17 y 18 reflejan tendencias personalizadas.

4. Orientación del tiempo

Las oraciones 19, 20 y 21 reflejan tendencias policromas.
Las oraciones 22, 23 y 24 reflejan tendencias monocromas.

Puntuación

Las preguntas 1, 2, 3, 7, 8, 9, 13, 14, 15, 19, 20 y 21 tienen la siguiente puntuación:

Totalmente en desacuerdo = 0
Desacuerdo = 1
Moderadamente en Desacuerdo = 2
Moderadamente de Acuerdo = 3

De Acuerdo = 4
Totalmente de Acuerdo = 5

Las preguntas 4, 5, 6, 10, 11, 12, 16, 17, 18, 22, 23 y 24 tienen la siguiente puntuación:

Totalmente en desacuerdo = 5
Desacuerdo = 4
Moderadamente en Desacuerdo = 3
Moderadamente de Acuerdo = 2
De Acuerdo = 1
Totalmente de Acuerdo = 0

Interpretación

De 82 a 120: Gran habilidad para interactuar en un contexto cultural.

De 41 a 81: Habilidad media para interactuar en un contexto cultural.

De 1 a 40: Poca habilidad para interactuar en un contexto cultural.

■♦■

Desestresa tu vida

Un día que iba en el coche rumbo a mi trabajo, entre las grandes extensiones de campo verde remarcadas por hileras de frondosos árboles en ambos lados del camino, me sorprendió ver a los estudiantes vagando y sentados a la sombra de los árboles, con la cabeza enterrada en sus libros de texto y sin darse cuenta de su entorno. ¿La fiebre de los exámenes? Sí, recordé que ya se acercaban los exámenes finales en junio. "Otra vez el estrés de los exámenes", pensé.

El estrés se ha vuelto la plaga del siglo veintiuno y está pasando una alta factura al bienestar de la nación. Se ha vuelto el precio a pagar por tener dinero y éxito. La gente que gana más dinero sufre de más estrés que la gente que gana poco. Las personas con más estudios son más susceptibles a padecer estrés. Los estudiantes, ejecutivos, directores y profesionales sufren más estrés que la gente de otras profesiones.

Tipos de estrés

La manera en que la gente se comporta bajo estrés depende en parte del nivel de estrés que sufre. El estrés medio nos hace estar más alertas, activos e imaginativos. Sin embargo, el *estrés moderado* tiene un efecto perturbador en nuestra vida, en especial en comportamientos complejos como hacer un trabajo semestral para la escuela. Bajo estrés moderado, la gente se vuelve menos sensible a lo que le rodea, se irrita con mayor facilidad y son más susceptibles de depender de otros medios. El estrés severo inhibe el comportamiento y puede conducir a apatía, inmovilidad o mecanismos de escape como fugas en el caso de quienes se sienten impotentes ante la amenaza abrumadora del estrés. Ese tipo de reacciones actúa como mecanismo de defensa para reducir los efectos dañinos del estrés.

Sonu es un estudiante de tercero de secundaria de una escuela pública, quien a pesar de ser brillante en la escuela, tiene un especial disgusto por las matemáticas. Durante el tiempo de exámenes del Comité Central de Exámenes de Secundaria en la India, sus padres se sorprendieron al darse cuenta de que no estaba en casa en la víspera del examen de matemáticas. Ésa era su manera particular de manejar un ataque de pánico ante el extremo estrés. Incapaz de enfrentarse a la aterradora experiencia había decidido convenientemente fugarse. Sí regresó a su casa al día siguiente, pero ya que la hora del examen había pasado.

Reacciones ante el estrés

Cada uno reacciona al estrés, incluso bajo la misma situación, de manera distinta. Cuando estamos ansiosos tenemos más propensión a reaccionar con síntomas del cuerpo. Es muy común que, antes de los exámenes, los estudiantes estén nerviosos, tengan tensión estomacal, dolores de cabeza e incluso diarrea. Otros reaccionan mentalmente al estrés; les cuesta trabajo concentrarse o se sienten afligidos y sienten que están perdiendo el control de las cosas. Algunas veces puede haber una mezcla de tensiones mentales o físicas, depende del tipo de estrés.

Contesta el cuestionario sobre el tipo de estrés para que estés más alerta sobre tu manera característica de reaccionar al estrés.

Test de tipo de estrés: ¿Corporal, Mental, Combinado?

Imagina que estás en una situación estresante. ¿Qué experimentas normalmente cuando te sientes ansioso? Marca todas las que experimentes.

1. Mi corazón late más rápido.
2. Me cuesta trabajo concentrarme porque me distraen mis pensamientos.

3. Me preocupo demasiado por cosas que no tienen importancia.
4. Me siento nervioso.
5. Me da diarrea.
6. Me imagino escenas aterradoras.
7. No puedo dejar de pensar en cosas que me provocan ansiedad.
8. Mi estómago está tenso.
9. Camino de un lado a otro, no duermo.
10. Llegan a mi mente pensamientos sin importancia que me molestan.
11. Me quedo inmóvil.
12. Siento que pierdo oportunidades porque no puedo tomar decisiones con rapidez.
13. Sudo.
14. No puedo dejar de pensar cosas preocupantes.

Puntuación

Anota un **Punto Mental** si respondiste **"Sí"** a cada una de las siguientes preguntas: 2, 3, 6, 7, 10, 12 y 14.

Anota un **Punto Corporal** si respondiste "Sí" a cada una de las siguientes preguntas: 1, 4, 5, 8, 9, 11 y 13.

Si tienes más puntos Corporales que Mentales, tu tipo de estrés es físico.

¿Tienes el mismo número en ambos? Tu reacción es combinada.

Son muy conocidos los padecimientos relacionados con el estrés como trombosis coronaria, presión arterial alta, artritis reumatoide, desórdenes de la piel, asma, migraña, hipertensión y úlcera péptica.

Contrarrestando el estrés

¿Cómo manejar el estrés de manera exitosa? Existen muchas formas para manejarlo.

- **Desarrollar una mayor tolerancia al estrés.** La mayor tolerancia ante la presión —fechas de entrega, competencia, críticas de otros— generalmente está acompañada de más experiencia y habilidad ante una tarea. Aprende a mantenerte tranquilo ante el estrés por medio del aprendizaje y la experiencia de la tarea.

- **Fijarse metas realistas.** Ajusta tus expectativas para que concuerden con la realidad de la situación inmediata. Trata de no esperar demasiado de ti mismo para que no te decepciones.
- **Cambia tu ritmo de vida.** Evita hacer demasiadas cosas en muy poco tiempo. Un buen manejo del tiempo puede aligerar tu estrés. Considera las siguientes sugerencias: Levántate temprano para evitar las prisas.
  - Pon la alarma de tu despertador.
  - Date tiempo para desayunar.
  - Haz una lista de las cosas que tienes qué hacer, pon lo más importante primero.
  - Date tiempo suficiente para llegar a la escuela/ universidad/ trabajo.
  - Evita el uso excesivo de cafeína, alcohol o drogas.
  - Separa un tiempo regularmente para estudiar.
  - Haz un plan de relajación para los fines de semana y así romper el ciclo de estrés.
  - Relájate antes de acostarte. Lee, escucha música y medita sobre Dios.
- **Piensa positivo —Aprende a controlar los pensamientos que te angustian:** Cuando miras la primera pregunta de una prueba y dices entre dientes "Voy a reprobar este examen", esa idea tan negativa sobre ti mismo interfiere con tu desempeño, y hace que el resultado de tu prueba sea aún peor.

Sigue la siguiente estrategia para controlar los pensamientos que te angustian:

❐ Sé consciente de tus pensamientos negativos y catastróficos como "No puedo hacerlo" o "¡Qué desastre!" o "No sirvo para esto".

Fuente: *The Relaxed Body Book* de Daniel Goleman (Garden City, NY: Doubleday, 1986).

- ❒ Formula pensamientos *positivos* compatibles con los que te angustian, como "Sí puedo hacerlo" o "Haz una cosa a la vez" o "Sigo haciendo mi mejor esfuerzo" y ve cómo funcionan las cosas. Es aprendizaje mental programado.
- ❒ Date una palmadita mental en el hombro cada vez que manejes tus pensamientos angustiosos. O recompénsate con algo que aprecias.
- ❒ Siéntate en una silla cómoda o acuéstate. Practica la relajación y sigue respirando —respirando desde tu diafragma. Inhala profundamente, llena tus pulmones lo más que puedas. Ahora exhala.

- **Ayúdate con habilidades para resolver problemas.** La mayoría de las universidades y las comunidades ofrecen una variedad de talleres sobre temas como entrenamiento agresivo, consejos para buscar trabajo y manejo del estrés. Hablar sobre el estrés común en las escuelas y en la vida laboral, junto con las estrategias para manejarlo en situaciones representadas y juegos de estimulación sicológica ha ayudado a muchas víctimas del estrés a que puedan manejarlo y también a que mejoren su salud.
- **Busca apoyo social y estrecha los lazos sociales.** Las investigaciones en el ámbito sicológico demuestran que somos capaces de manejar mejor el estrés y tenemos mejor salud física y emocional cuando tenemos el apoyo de un cónyuge, amigo cercano o grupo de apoyo. Cohen, un sicólogo de renombre, descubrió que las relaciones cercanas tienen un impacto importante sobre la forma en que manejamos el estrés y, por lo tanto, sobre nuestra salud y tiempo de vida. En comparación con la gente que tiene pocos vínculos sociales, la gente es menos propensa a padecer problemas de salud y de morir prematuramente si disfruta del apoyo de los miembros de su familia, amigos cercanos, compañeros de trabajo y sobre todo, su fe religiosa y su meditación regular. Si nos guardamos para nosotros los sentimientos que nos duelen en lugar de compartirlos con nuestros más allegados, se vuelven más graves y agobiantes. La comprensión y la reafirmación de nuestros seres queridos refuerzan nuestra autoestima en

los periodos cuando no está muy firme. Nuestros amigos y grupos de apoyo pueden darnos información y consejo que nos ayude a encontrar mejores soluciones a nuestros problemas.

- **Utiliza el estrés para tu crecimiento personal.** Recuerda que estrés no es sinónimo de angustia. Con un poquito de estrés nos aburrimos y nos sentimos desganados. Con mucho estrés nos tensamos, cometemos errores y nos enfermamos con mayor facilidad. Para aprovechar la vida al máximo, necesitamos descubrir cuál es nuestro mejor nivel de estrés y qué tipos de estrés manejamos mejor. Un estrés bien manejado da entusiasmo a la vida; nos reta a intentarlo más arduamente, saca lo mejor de nosotros y nos ayuda a crecer personalmente.

Otras buenas técnicas para acabar con el estrés

- Judith Wurtman, bioquímica nutricional, sugiere consumir varias veces pequeños bocadillos de carbohidratos para aumentar la serotonina, la sustancia reguladora del humor en el cerebro.
- Aumenta tu coeficiente intelectual emocional. Haz algo inmediatamente por manejar los agentes que te causan el estrés que se traduce en enojo y tensión, dice Duke del departamento de siquiatría de la Universidad Redford Williams.
- Maneja el estrés con una sesión diaria de ejercicios como correr o hacer aerobics, puesto que la actividad física reduce la ansiedad y disipa el estrés, dice el sicólogo Dr. Kenneth H. Cooper.
- Revisa tu perspectiva y sólo realiza las tareas que te traerían malas consecuencias si no las hicieras, dice Michael Taylor, sicólogo y experto en manejo del estrés.
- Aparta media hora al día, por lo menos, para hacer algo que disfrutas y recargar tus baterías.
- Mira el lado positivo. El humor tiene una forma milagrosa de liberar el estrés, dice el autor y pedagogo Joel Goodman.

- Tómate un descanso. Haz una excursión. No puedes controlarlo todo, pero sí puedes controlar tu agenda para darte un respiro, dice Rosenman, coautor del libro *Comportamiento tipo A y tu corazón.*
- Dí una oración sincera cada día. Esto fortalece tu sistema interno de sanación y reduce el impacto de las hormonas del estrés (noradrenalina y adrenalina), dice la sicóloga y científica médica Joan Borysenko.

Manejar bien el estrés es como tocar música melodiosa con un instrumento de cuerda para rejuvenecer nuestra personalidad. ¡Las cuerdas sólo hacen ruido si les aplicas un poquito de presión! ¡Y se rompen si les aplicas demasiada! Aplica la presión adecuada y obtendrás música llena de vida para nutrir tu alma.

■♦■

¿Cultivas tus pensamientos?

Los parasicólogos afirman que estamos rodeados de un océano de pensamientos. Es más, estamos flotando en ese océano, absorbemos ciertos pensamientos y rechazamos otros en ese mundo de pensamientos. Los pensamientos son cosas vivas y son tan sólidas como una roca. Cuando dejamos de existir nuestros pensamientos permanecen en la atmósfera. Son capaces de transformar la psique de una persona y de curar enfermedades por medio del principio vital de la autosugestión. Un pensamiento es una fuerza vital, sutil y terrible que existe en el universo. En palabras de Shakespeare: "No hay bueno o malo en la palabra, es el pensamiento el que la hace buena o mala". Así pues, somos lo que pensamos, de manera que debemos tener cuidado y detener el pensamiento indeseable cuando está gestándose. Cuando un pensamiento, ya sea bueno o malo, cruza por la mente de una persona origina vibraciones en la atmósfera mental que viajan en todas direcciones. Cada pensamiento maligno funciona como un cincel que graba los pensamientos en el semblante de la persona. Muchos rostros humanos están cubiertos de las cicatrices y marcas que dejaron pensamientos malignos de odio, enojo, lujuria, celos, venganza, etc. Cada pensamiento deja un surco en la cara.

En los institutos de control de la mente y desarrollo de todo el mundo se llevan a cabo muchas conferencias y talleres de hipnosis y tienen gran éxito. Estas sesiones hipnóticas incluyen manejo de estrés, relajación instantánea, logro de metas, autosanación y sanación de otras personas, control del dolor, poderes síquicos, experiencias extracorporales, recordar experiencias de vidas anteriores, curación de miedos, fobias y adicciones y escritura automática. Por medio de estas lecciones aprendemos a utilizar la hipnosis para ayudar a los demás y descubrir la amplia gama de poderes que yacen en las capas más profundas de la mente y que no utilizamos. En consecuencia debemos dominar la técnica adecuada para manejar y manipular el pensamiento. Este fenómeno da lugar a una nueva dimensión de fuerza del pensamiento, es decir, la cultura del pensamiento. Los pensamientos de preocupación y miedo son fuerzas terribles dentro de nosotros. Envenenan las fuentes de la vida y destruyen la armonía, la eficiencia, la vitalidad y el vigor de nuestro interior. Por el contrario, los pensamientos opuestos de alegría, gozo y valor sanan, alivian y multiplican los poderes mentales. Así, cada pensamiento debe ser cultivado dentro de la mente. El arte de diluir y podar los pensamientos, de la misma manera en que un jardinero poda sus rosales, ayuda a rechazar los pensamientos malignos y a retener y cultivar los pensamientos buenos y positivos para tener éxito en la vida.

Extrañamente, el hombre tiene un talento natural inherente de crear un mundo de bien y mal, placer y dolor, que parte sólo de su imaginación. El bien y el mal, el placer y el dolor no proceden de los objetos; pertenecen a las actitudes de la mente.

¿Cuál es *tu* patrón habitual de pensamiento en tus actividades y asuntos diarios? Responde el siguiente cuestionario y descúbrelo. **Contesta a cada pregunta con "Sí" o "No".**

¿Practicas el arte de cultivar tus pensamientos? Si es así, ¿sueles:

1. Disciplinar y canalizar tu proceso de pensamiento a través de pensamientos y visualizaciones positivos de éxito en oposición al fracaso?
2. Hacer terapia ocupacional manteniéndote ocupado en tareas creativas y productivas para evitar que los pensamientos negativos entren a tu mente?

3. Practicar yoga y oración para nutrir e infundir paz, tranquilidad y fortaleza a tu mente?
4. Hacer un esfuerzo consciente para mirar hacia tu interior y sacar de raíz los pensamientos malignos como pasión, egoísmo, celos, orgullo y odio de tu patrón de pensamiento?
5. Hacer ejercicios de relajación mental cerrando los ojos y pensando en cualquier cosa sublime que tranquilice tu psique —un hermoso amanecer, el ir y venir de las olas en el vasto océano, una melodía inolvidable, la sonrisa inocente de un niño— cualquier cosa hermosa e inspiradora?
6. Recordarte que así como la fruta nace de la semilla, también los actos nacen de los pensamientos —de manera que los buenos pensamientos generan buenas *acciones*, y se deriva de ahí un *deseo* genuino por las buenas acciones. Entonces, albergar buenos pensamientos es esencial para tu psique y para la de los demás?
7. Programar tu mente con el enérgico pensamiento de que la conquista del mundo puede lograrse por medio de la conquista del pensamiento y que la experiencia del mundo de la ilusión se desvanece cuando la imaginación se canaliza a la victoria por encima de toda limitación, como la ignorancia y la muerte?
8. Recordarte que los pensamientos son como cosas y, de la misma manera en que das una rosa a un amigo y vuelves a tomarla, puedes enviar pensamientos útiles y poderosos a cualquier persona y volver a tomarlos?
9. Mantener la ley del poder del pensamiento, "el hombre es lo que piensa" —es decir, pensar "Soy fuerte" y volverse fuerte y viceversa?
10. Recordarte que, mientras que la luz viaja a una velocidad de 1,86,000 millas por segundo, el pensamiento viaja en instantes. Los pensamientos son más ligeros que el éter, el medio de la electricidad. La sustancia de la mente, que llena todos los espacios como el éter, funciona como vehículo para los pensamientos y debe mantenerse sana y nutrida meticulosamente observándola a cada momento?

11. Sostener que hemos entrado a una nueva era en la que los investigadores están reconociendo que en el mundo real, la "Inteligencia Emocional", la habilidad de llevarse con la gente y tomar buenas decisiones personales es más importante para tener éxito en la vida que la inteligencia académica medida en las pruebas del CI?
12. Manejar tus sentimientos para que la angustia no afecte tu capacidad; motivarte a pesar de los constantes obstáculos; mantenerte con esperanza; retrasar la gratificación; empatizar con los demás; intentar el mutuo entendimiento con los demás; y cooperar y manejar los sentimientos en las relaciones a través de tus pensamientos bien cultivados y tu inteligencia emocional?
13. Recordar que para ser el entrenador emocional de tu hijo desde la infancia debes moldear habilidades emocionales sanas en ti mismo y manejar seriamente los sentimientos de tu hijo, ayudándole a encontrar formas de calmarse en lugar de desmotivarlo?
14. Estar consciente de que puedes ser un directivo muy eficiente en tu organización por la manera en que manejas y moldeas todos los días las emociones de tus empleados?

Puntuación

Anota un punto por cada "Sí" que hayas respondido.

Interpretación

De 9 a 14: Excelente cultivo del pensamiento.

De 5 a 8: Buen cultivo del pensamiento.

De 1 a 4: Mal cultivo del pensamiento. Practica el cultivo de patrones de pensamiento que te inspiren para tu fortalecimiento sicológico.

■♦■

¿Disfrutas tu trabajo?

Debido a que pasamos un tercio de las horas de vigilia en nuestro trabajo, es de gran importancia que estemos contentos y cómodos con él. Muchos preferimos tener un trabajo interesante, importante y que nos deje una sensación real de logro. Estudios sicológicos recientes revelan que existe una asociación positiva de la satisfacción en el trabajo resultado del funcionamiento en el trabajo que en otro aspecto. Esto es contrario a los descubrimientos que se hicieron en los años 60 y 70. Además de un trabajo remunerativo tendemos a preferir un empleo que nos proporcione oportunidades para avanzar, buena paga, seguridad laboral y un horario cómodo. También nos gusta tener compañeros amigables y cooperadores y supervisores considerados. Un empleo que nos permite tomar decisiones propias nos da mayor satisfacción. La cantidad de sueldo está en el primer lugar de la lista de prioridades de los trabajadores de clase media que están atrapados entre aspiraciones materiales y presiones económicas. Cada vez se vuelve una parte más importante de la satisfacción en el trabajo. La edad y la antigüedad en el trabajo también son puntos importantes puesto que, después de cinco años en el mismo empleo, la satisfacción suele ser constante debido a la seguridad laboral y las expectativas realistas.

Investigadores como Likert han manifestado que la integración de las necesidades del individuo dentro de la estructura de su personalidad y la estructura de la organización en la que trabaja puede darse en un grado mayor al que se pensaba antes. Este punto de vista es drásticamente diferente de las creencias tradicionales que aseguraban que las necesidades de la organización y las de los individuos son incompatibles. "Mientras más grande sea el deseo de la organización de hacer que sus empleados sean pasivos y dependientes de ella, mayor será la certeza del empleado de que es sicológicamente inmaduro a nivel de la infancia del desarrollo de la personalidad", comenta Argyris, científico estadounidense del papel del clima organizacional en el desarrollo de los recursos humanos.

Revisa tu actitud ante tu trabajo con el siguiente cuestionario y reflexiona hasta qué punto lo disfrutas. Responde con "Sí" o "No".

1. Cuando comienza tu día, ¿estás ansioso por llegar a trabajar a tu oficina?
2. Al realizar las labores de tu trabajo, ¿te involucras tanto en ellas que a menudo trabajas horas extra voluntariamente?
3. ¿Sientes que tu trabajo te permite alcanzar tus aspiraciones y tus sueños?
4. ¿Tu trabajo te parece interesante, significativo y te da una sensación de logro?
5. ¿Sientes que tu trabajo es una extensión de ti mismo?
6. Si pudieras elegir, ¿te gustaría que alguno de tus hijos escogiera la misma profesión que tú?
7. ¿Sientes que tu trabajo te proporciona oportunidades de avanzar en tu carrera?
8. ¿Te identificas con los objetivos de tu organización?
9. ¿Sientes que tu trabajo aprovecha las habilidades y talentos que posees?
10. ¿Tienes un sentido de pertenencia porque tus compañeros de trabajo te valoran y te aprecian?
11. ¿Estás contento con la libertad que te da tu trabajo para tomar decisiones por ti mismo?
12. ¿Estás contento con la cantidad de horas de trabajo?
13. ¿Cuándo regresas a tu casa después de trabajar tienes una sensación de satisfacción con tu vida?
14. ¿Si otra compañía te ofrece un mayor sueldo, te quedarías en tu trabajo actual?
15. ¿De verdad te importa el futuro de tu organización?

16. ¿Sientes que eres parte central de tu organización?
17. ¿Manejas con facilidad el estrés en tu trabajo?
18. ¿Sientes que tu trabajo es creativo?
19. ¿El ambiente predecible y tranquilo de tu trabajo te da una sensación de seguridad física y sicológica?
20. ¿Tu trabajo satisface tu necesidad de logro y te ofrece un amplio campo de acción para que trabajes de manera independiente y alcances tus objetivos?
21. ¿Eres capaz de aumentar y mejorar tus capacidades al expresarlas completamente en tu trabajo?
22. ¿Estás contento con el grado en que tu trabajo te permite influir en la vida de otras personas dentro o fuera de tu organización?
23. ¿Te sientes satisfecho con el grado en el que tu trabajo te da retroalimentación sobre tu buen funcionamiento?
24. ¿Estás contento con el estilo de supervisión de tu jefe?

Puntuación

Anota un punto por cada **"Sí"** que hayas respondido.

Interpretación

De 17 a 24: Gran satisfacción laboral. Tu trabajo te proporciona una gran oportunidad para que aproveches tus capacidades y así tengas una sensación de logro.

De 9 a 16: Satisfacción laboral media. Tu trabajo te ofrece una buena cantidad de espacio para que demuestres tus capacidades sin mucho estrés laboral. Puedes adaptarte aún más si te apegas a tus metas y horarios.

De 1 a 8: Poca satisfacción laboral. Parece que no disfrutas tu trabajo. Para combatir el estrés de tu trabajo debes adoptar una estrategia para establecer prioridades laborales y manejo del tiempo. Desarrolla un hábito mental para que te guste tu trabajo y cultiva una fuerte necesidad de logro y motivación para cumplir con tus objetivos de trabajo de la mejor manera que puedas. Aumenta tus habilidades por medio de talleres y cursos en tu trabajo. Ten una actitud positiva hacia tu jefe y compañeros de trabajo, interactúa de manera inteligente para encontrar claridad y mejor calidad en tu trabajo cada vez que te enfrentes a un impedimento relacionado al papel que desempeñas en tu trabajo o a tu funcionamiento dentro de él. Creer en la dignidad de tu trabajo se traducirá en felicidad y satisfacción.

■♦■

¿Fomentas el desarrollo del trabajo en equipo dentro de tu organización?

Una organización sana es como una persona sana. Su capacidad interpersonal no puede aumentar a menos que los individuos reciban información franca y exacta sobre el impacto de su comportamiento sobre los demás. Este conocimiento proporciona el poder para hacer los cambios necesarios para aumentar la efectividad en el comportamiento organizacional. Los valores de una sociedad democrática, en la que la participación, la intervención y la responsabilidad se consideran como cualidades deseables, no sólo son valiosos para el individuo en su búsqueda de autosatisfacción y crecimiento, sino para la sociedad en la que preservan la ideología de la libertad de elegir de entre una amplia gama de alternativas y la responsabilidad del compromiso adquirido.

En un programa para formar equipos, a los miembros de los grupos interdependientes de una organización se les proporciona la oportunidad de explorar sistemáticamente la manera en que se relacionan unos con otros, el tipo de patrones de comunicación que tienen en las interacciones grupales, el nivel de apertura y confianza que existe entre ellos, su estrategia para tomar decisiones dentro de la organización, la clase de influencia que cada miembro ejerce sobre otro y el nivel de satisfacción que cada miembro siente con respecto a dichas políticas.

¿Cuál es el nivel del programa para formar equipos en tu organización? Reflexiona y responde al siguiente cuestionario para descubrir y analizar las deficiencias que pudieran existir y podrían remediarse por medio de estrategias para formar equipos. Responde con "Sí" o "No".

¿Haces un esfuerzo consciente para asegurarte de que en tu organización:

1. Los empleados se ayuden unos a otros?
2. Cualquier empleado esté en la posición de discutir un problema de frente con alguien más?
3. Los jefes y los empleados trabajan juntos de manera cordial y con espíritu de trabajo?
4. Independientemente de la agenda llena y la carga de trabajo, los empleados tienen tiempo de compartir sus preocupaciones con los demás?
5. El jefe y los empleados confían el uno en el otro?
6. Las sugerencias se solicitan a todos los niveles de empleados?
7. Los empleados reciben crédito y agradecimiento por encontrar una nueva forma de hacer las cosas que nunca había hecho nadie?
8. Se hacen intentos conscientes por considerar los valores y la opinión de los empleados involucrados?
9. Hay comunicación abierta e informal entre el jefe y los empleados?
10. La información importante está disponible y se comparte con todos los empleados que necesiten usarla para lograr un mejor funcionamiento?
11. El jefe se preocupa por su gente y se comunica con ellos (incluyendo sus críticas) por esa preocupación?
12. Cuando se toman decisiones, se pone especial cuidado en mantener relaciones cordiales con todos los involucrados?
13. Escuchar a los demás con interés genuino estimula a los demás a que se expresen de manera más libre y a trabajar en equipo?
14. Gran parte de la tensión y la ansiedad se reducen confiando a los compañeros de trabajo?
15. Cuando van a introducirse algunos cambios, se debe consultar a las personas que resultarán afectadas?

16. Algunas veces, el mejor consejo viene del subordinado de menor nivel?
17. Los miembros del equipo tratan a los demás como les gustaría que los trataran a ellos para formar el liderazgo del grupo?
18. La organización se rige por el principio de que una decisión cooperativa se traduce en una mejor puesta en marcha?
19. Debes confiar responsabilidades a tus empleados puesto que la naturaleza humana es cooperadora y necesita del reconocimiento?
20. La permisividad creativa predomina en la organización?
21. Cada persona en el sistema organizacional sabe claramente que el otro también tiene poder y que no debe hacer mal uso de él reservándose información, retrasando asuntos o dando información incorrecta a los demás?
22. Los empleados que trabajan juntos consideran que las metas de la organización tienen un rango superior (compartible) y están conscientes de que no pueden lograrse de manera individual sino trabajando armoniosamente en conjunto?
23. El grupo y los individuos comparten ciertas normas y comienzan a ver características buenas en los demás de manera que permanece la colaboración?
24. Existe un clima organizacional que es inspirador y no tiene favoritismos?

Puntuación

Da un punto por cada **"Sí"** que hayas respondido.

Interpretación

De 17 a 24: Excelente espíritu de equipo.
De 9 a 16: Espíritu de equipo moderado.
De 1 a 8: Espíritu de equipo pobre.

■♦■

Las necesidades de los trabajadores

La gente en las organizaciones tiene muchas necesidades y todas ellas están en continua competencia. Nadie tiene las mismas necesidades que otro. Algunas personas se preocupan por los logros, otras se preocupan por la seguridad, etcétera. A pesar de estas diferencias individuales, un buen directivo no intentaría decidir cuáles son los motivos importantes para sus empleados. Si pretende entender, predecir y controlar el comportamiento, debe saber qué es exactamente lo que sus empleados quieren de sus trabajos. Los directivos pueden aumentar la efectividad si son capaces de hacer realidad las percepciones de sus empleados.

¿Qué quieren los trabajadores?

Durante décadas se han llevado a cabo investigaciones entre los empleados de la industria de los Estados Unidos con el objetivo de responder a la pregunta: "¿Qué quieren los trabajadores?" En un estudio realizado en 1949, se pidió a los supervisores que trataran de *ponerse en los zapatos de los empleados* y que clasificaran en orden de importancia una serie de asuntos que los trabajadores quisieran de sus empleos. Además de los supervisores, también se pidió a los empleados que clasificaran los mismos asuntos en cuanto a qué quieren de sus empleos. Los resultados son los siguientes:

Los supervisores clasificaron un buen salario, seguridad laboral, ascensos y buenas condiciones laborales como las cosas que los trabajadores desean más de sus empleos. Por otro lado, lo que más deseaban los trabajadores era un completo aprecio por el trabajo realizado, tener una sensación de pertenencia y comprensión de sus problemas personales —incentivos relacionados a motivos de afiliación y reconocimiento. Sólo la seguridad en el trabajo coincidió como asunto importante en las respuestas de los trabajadores y de los supervisores, pero éstos la clasificaron en el segundo lugar mientras que los trabajadores la clasificaron en el cuarto. Los otros tres puntos más importantes para los trabajadores fueron clasificados como menos importantes por parte de los supervisores. Todo esto sugiere que los supervisores tienen muy poca sensibilidad en cuanto a las cosas que realmente importan a sus trabajadores.

Temas	Supervisores	Empleados
Buenas condiciones de trabajo	4	9
Sensación de pertenencia	10	2
Sanciones justas	7	10
Total aprecio por el trabajo	8	1
Lealtad de los directivos hacia los empleados	6	8
Buen salario	1	5
Ascensos y crecimiento dentro de la compañía	3	7
Empatía por los problemas personales	9	3
Seguridad laboral	2	4
Trabajo interesante	5	6

Los supervisores pensaban que los incentivos para satisfacer cuestiones sicológicas y de seguridad eran lo más importante para sus empleados. En consecuencia tendían a utilizar los viejos incentivos conocidos —dinero, beneficios adicionales y seguridad— para motivarlos. Dichos estudios se repitieron periódicamente durante varias décadas como parte de los programas de entrenamiento a directivos y arrojaron resultados similares en la percepción de los supervisores. Con el descenso económico de los años noventa, el "buen sueldo" y la "seguridad laboral" se volvieron necesidades importantes para los trabajadores. Por ello es importante que los supervisores sepan de las grandes diferencias que existían hace unas décadas entre lo que ellos creían que los trabajadores querían de sus empleos, y lo que los empleados en realidad querían.

A partir de investigaciones sobre los incentivos de esquemas de pago, William F. Whyte descubrió que el dinero, esa antigua herramienta de motivación, no es tan omnipotente como se creía, en particular para los trabajadores de producción.

Mayo descubrió que otro elemento clave es su trabajo en equipo. Con el uso de la relación del índice de destructores de alta producción con los limitadores de baja producción, Whyte calculó que sólo el 10% de los trabajadores de los Estados Unidos ignora la presión del grupo y produce lo más que puede como respuesta a un plan de incentivos. Entonces parece que, aunque los trabajadores estén interesados en cambiar su posición financiera actual, existen muchas otras consideraciones —como la opinión de sus compañeros, la comodidad y el bienestar en su trabajo y la seguridad a largo plazo— que evitan que respondan de manera directa, automática y positiva a un plan de incentivos.

La característica más sutil e importante del dinero es su poder como símbolo. Su poder simbólico más obvio es su valor en el mercado. Lo que le da su valor es lo que el dinero puede comprar, no el dinero en sí. Y debido a que el dinero no tiene un valor intrínseco propio, puede simbolizar casi cualquier necesidad que el individuo quiera representar. En otras palabras, el dinero puede representar lo que la gente quiera que represente. De manera que debe ser ajustado a los valores de cada empleado. En este contexto, para que el dinero motive deben cumplirse tres puntos —primero, el empleado debe tener una preferencia "total" por el dinero, es decir, los efectos positivos motivadores de un mayor ingreso deben ser mayores que los efectos negativos de las horas indeseables. Segundo, es necesaria una relación directa entre el dinero y el rendimiento que el empleado pueda percibir. Si el rendimiento aumenta entonces el ingreso debe aumentar, y viceversa. Tercero, se necesita una relación directa entre el esfuerzo y el rendimiento. Si el esfuerzo aumenta, el rendimiento debe aumentar. Tanto los costos como los beneficios en este sentido deben determinarse, pero sobre todo tiene una lógica base motivacional. En el contexto de las cargas financieras de hoy en día, se ha encontrado un cambio drástico en la actitud de la gente hacia el trabajo en comparación con los años sesenta, según las investigaciones de Herzberg. Hoy, las razones financieras son el motivo principal o la razón por la que la gente trabaja. Esto encierra un mensaje motivacional. Si como motivador quieres aumentar el poder del dinero debes llevar a cabo un plan de incentivos. El dinero extra será un motivador poderoso porque será gastado en cosas "extra" de gran valor.

Es importante saber que quizá hayas sacado provecho del sistema de incentivo/ recompensa, pero la efectividad de esto como motivador depende en gran medida de las capacidades de quienes llevan el sistema. Las recompensas no funcionan por sí mismas, tienen que manejarse cuidadosamente. Una buena forma de aumentar la motivación individual es crear una situación en la que los equipos trabajen juntos de manera efectiva en establecer acuerdos y en el logro de las metas.

Por último, hay que reconocer que algunas personas están automotivadas —se fijan objetivos y buscan la manera de lograrlos— y con otras personas ese impulso motivacional sería menos intenso. La gente que pertenece a la primer categoría quizá no necesite que los directivos la motiven pero sí debe ser recompensada de acuerdo a su contribución, o se desmotivará rápidamente y se irá a otra compañía donde se reconozcan de manera adecuada sus talentos. La gente que pertenece a la segunda categoría necesita motivación por medio de incentivos y recompensas que se enfoquen en sus necesidades particulares.

■♦■

¿Te gusta tu trabajo?

Comprender el comportamiento individual dentro de una organización requiere tener conocimiento sobre las influencias que hacen que una persona se comporte de cierto modo en una situación particular. Los prerrequisitos para ello son de naturaleza esencialmente sicológica —como la actitud del empleado hacia su lugar de trabajo, su percepción en cuanto al papel que debe desempeñar en la organización y el clima organizacional en el que trabaja. Esto, a su vez, afecta directa o indirectamente el nivel de satisfacción laboral, compromiso organizacional y satisfacción general del individuo dentro de la organización. Más reciente, investigadores como Likert han demostrado claramente que la integración de las necesidades del individuo dentro de la estructura de su personalidad y la de la organización en la que trabaja es posible a un grado mayor del que se cree. Este punto de vista es radicalmente diferente a las creencias tradicionales de que las necesidades organizacionales e individuales son incompatibles. En sus investigaciones, Rabinowitz y Hall han demostrado que existe una interacción de varios factores como la personalidad, factores organizacionales y comunicacionales que funcionan de forma muy sutil para influir sobre el comportamiento organizacional de un empleado. Uno de los factores que más resulta afectado en este contexto es la satisfacción laboral, la cual se toma como una actitud del empleado que refleja el grado en el que su trabajo satisface sus necesidades importantes.

Desde una etapa inicial, los encuestadores del estado de ánimo, etc., de los empleados les han preguntado si no padecían de estrés ocupacional y si estaban satisfechos con sus trabajos. Se asume que las respuestas a dichas preguntas reflejan un estado interno del trabajador. Sicólogos como Schaffer, Adams, Lawler, Cooper, Herzberg y Vroom han propuesto varias teorías para estudiar la dinámica de este fenómeno. Su integración revela que el empleado percibe su trabajo, sus valores y responsabilidades desde el punto de vista global y que el vínculo entre ambos aspectos es, en esencia, de naturaleza sicológica, en donde las diferencias individuales desempeñan el papel principal en términos de patrones de necesidades subjetivas, de motivación y percepciones del trabajador, por lo cual intenta reducir la brecha entre la percepción que tiene en realidad de su trabajo y la que desea.

El siguiente cuestionario describe los elementos importantes que componen la medida de satisfacción en el trabajo. Expresa lo que sientes sobre tu trabajo respondiendo con los siguientes niveles de satisfacción:

Totalmente satisfecho 6
Muy satisfecho................ 5
Un poco satisfecho 4
Un poco insatisfecho........... 3
Muy insatisfecho 2
Totalmente insatisfecho 1

¿Cómo te sientes con respecto a:

1. La manera en que fluye la información en tu organización?
2. Tu relación con las demás personas del trabajo?
3. La manera en que son valorados tú y tus esfuerzos?
4. La naturaleza de tu trabajo?
5. El grado en que te sientes motivado en el trabajo?
6. Las oportunidades que ofrece tu trabajo?
7. El nivel de seguridad laboral en tu trabajo actual?
8. El punto en el que te identificas con los objetivos de tu organización?
9. El estilo de supervisión utilizado por tus superiores?

10. La forma en que se llevan a cabo los cambios y las innovaciones en tu trabajo?
11. El tipo de trabajo o tareas que te piden que realices?
12. El grado en el que sientes que puedes crecer personalmente en tu trabajo?
13. La manera en que se resuelven los conflictos en tu organización?
14. El grado en el que tu trabajo te ayuda a alcanzar tus ambiciones y aspiraciones?
15. La cantidad de participación que se te da en la toma de decisiones importantes?
16. El grado en el que tu trabajo aprovecha las habilidades que sientes que posees?
17. La cantidad de flexibilidad y libertad que tienes en el trabajo?
18. La "sensación" sicológica, o clima, que domina en tu organización?
19. Tu nivel de sueldo en relación a tu experiencia?
20. El diseño o forma de la estructura de tu organización?
21. La cantidad de trabajo que se te asigna, ya sea poco o mucho?
22. El grado en el que te sientes aprovechado en tu trabajo?

Interpretación

De 90 a 132: Estrés ocupacional mínimo.

Tu trabajo te proporciona grandes oportunidades para sacar lo mejor de tus capacidades y por ello obtienes una sensación de logro. Considérate uno de los pocos afortunados que disfruta intrínsecamente su trabajo. Mantente así.

De 45 a 89: Estrés ocupacional medio.

Tu trabajo te da una cantidad considerable de espacio para que muestres tu valía sin mucho estrés laboral. Puedes adaptarte aún más si te apegas cuidadosamente a tus metas laborales y a tus horarios.

De 1 a 44: Estrés ocupacional máximo.

Para combatir el estrés de tu trabajo debes adoptar una buena estrategia para establecer tus prioridades laborales y el manejo de tu tiempo. Desarrolla el propósito de disfrutar tu trabajo y cultiva una fuerte necesidad de motivación para lograr tus propósitos de acuerdo a tu capacidad. Asiste a cursos y talleres para aumentar tus habilidades. Ten una actitud positiva hacia tu jefe y tus compañeros, interactúa de manera inteligente para buscar claridad y mejoramiento en el trabajo cada vez que te enfrentes a un impedimento relacionado a tu rendimiento laboral o al papel que desempeñas en tu trabajo. Creer en la dignidad de tu trabajo te proporcionará mucha felicidad y satisfacción.

■♦■

¿Tratas a hombres y mujeres por igual en tu trabajo?

¿Cuántas veces has escuchado a un director de Recursos humanos (RH) haciendo alarde de que su compañía no hace distinciones de género, y dos minutos después hace un comentario despreciativo sobre alguna colega?

¿Muchas veces? Sí, suele suceder. No importa cuánto hayamos evolucionado en otros patrones de conducta, algunas cosas se resisten al cambio, por ejemplo el patriarcado. A continuación hay una serie de preguntas para jefes y compañeros varones, para que reflexionen sobre la manera en que tratan a sus compañeras y que modifiquen actitudes si fuera necesario.

Pon una "X" en tu respuesta a cada una de las siguientes preguntas:

1. ¿Consideras que tu compañera actual de trabajo es:
   a) Un individuo?
   b) Una mujer?
2. ¿Asignarías un proyecto urgente, importante y demandante a tu compañera de trabajo?
   a) Sí.
   b) No.
3. ¿Asignarías sin dudar a tu subordinada un proyecto que requiere que ella tome decisiones importantes?
   a) Sí.
   b) No.
4. Si tuvieras que dar un incentivo al mejor trabajador,
   a) ¿Lo entregarías sin importar que fuera hombre o mujer?

b) ¿Darías una ventaja especial a una mujer sólo por tener una ventaja comparativa por ser mujer?

5. Si sientes que una subordinada está intentando complacerte con su encanto femenino y aumenta tu ego con tacto y halagos, ¿tratarías de terminar con esa situación después de cierto punto o le permitirías que siguiera haciéndolo?
   a) Terminaría con la situación.
   b) Dejaría que continuara.
6. ¿Crees que una subordinada cumpliría tus expectativas igual que un hombre en cualquier situación laboral?
   a) Sí.
   b) No
7. ¿Tiendes a tratar a tu jefa con el mismo respeto y admiración con el que tratas a tu jefe?
   a) Sí.
   b) No.
8. ¿Te sientes amenazado e inseguro en el trabajo cuando compites con una mujer por el mismo puesto?
   a) Sí.
   b) No.
9. Cuando hablas con compañeras de trabajo, ¿tiendes a llevar la conversación a pláticas informales?
   a) Sí.
   b) No.
10. ¿Prefieres estimular y ascender (de manera consciente o inconsciente) a tus compañeras que siempre están dispuestas a prestarte atención y compartir cuestiones personales en sus conversaciones contigo, ante tus otras compañeras?
    a) Sí.
    b) No.
11. Si una tarea en particular requiere el trabajo de una mujer, ¿la alentarías e insistirías en que se quedara horas extra, y te asegurarías de facilitarle el medio de transporte para regresar segura a su casa cuando terminara tarde de trabajar?
    a) Sí.
    b) No.

12. ¿Cuando te diriges a tus compañeras de trabajo, lo haces sonriente pero criticas sus habilidades y capacidades laborales cuando hablas de ellas con tus compañeros?
    a) Sí.
    b) No.
13. ¿Valoras abiertamente a una compañera que tiene buenas ideas para la compañía y propone buenos métodos de trabajo aunque no concuerden con tu punto de vista?
    a) Sí.
    b) No.

Respuestas correctas

1. a), 2. a), 3. a), 4. a), 5. a), 6. a), 7. a), 8. b), 9. b), 10. b), 11. a), 12. b), 13. a)

Interpretación

De 9 a 13: Tu contribución para desarrollar un ambiente de trabajo agradable para aumentar la efectividad así como el crecimiento personal de la fuerza de trabajo femenina de tu organización es inmensa. Y como resultado de ello, te tienen en alta estima y consideran que eres un hombre capaz y eficiente en su trabajo.

De 5 a 8: Eres razonablemente progresista y proporcionas un ambiente agradable para la fuerza de trabajo femenina, pero debes reflexionar en cómo crear un ambiente de trabajo en el que se impulsen aún más sus competencias y capacidades.

De 1 a 4: Tiendes a dejar que tus experiencias personales influyan sobre ti y te influyan. La educación y el estatus no han provocado cambios básicos en tus actitudes convencionales hacia las mujeres. Es necesario que hagas una introspección profunda para que mejores dichos aspectos, y así te rodees de una fuerza de trabajo femenina más competente y no de una incompetente, aduladora y ineficiente.

¿Utilizas totalmente tu capacidad cerebral?

Estudios científicos revelan que sólo el 10 por ciento de las personas utilizan de manera equilibrada ambos hemisferios del cerebro. Nuestro cerebro está formado por dos mitades que no sólo se ven diferentes, sino que tienen funciones exclusivas —la parte izquierda es de color gris y es lógica, analítica, verbal, linear y secuencial; la parte derecha es de color blanco y es emocional, espacial, visual y holística. La mayoría de las personas cultiva el lógico lado izquierdo e ignora el enorme potencial creativo del lado derecho. Si pudiéramos emparejar el poder total de nuestra mente utilizando por igual ambos lados del cerebro, tendríamos más inteligencia, creatividad y energía.

¿Qué tipo de cerebro tienes? Responde al siguiente cuestionario para un análisis:

¿Tiendes a:

1. Analizar las cosas y pedir evidencia que las respalde antes de aceptar nuevas ideas?
2. Aceptar nuevas ideas no necesariamente por evidencia empírica sino por tu intuición?
3. Preferir la estabilidad y el orden, adherirte a las reglas y planear tu tiempo con anticipación?
4. ¿Te disgusta planear y disfrutas arriesgándote?
5. ¿Te disgusta tomar riesgos y los analizas demasiado?
6. Ser imaginativo y sutil en tus enfoques como si fueras un escritor, un músico o un artista?

7. ¿Enfocarte en las palabras y no en el tono o los gestos cuando recibes un mensaje verbal?
8. ¿Concentrarte en todo el mensaje poniendo atención en el lenguaje corporal, el tono emocional y otras sutilezas?
9. ¿No preferir las decisiones espontáneas?
10. ¿Preferir un camino que nadie ha recorrido?
11. ¿Poner el pulgar izquierdo hacia arriba mientras te agarras las manos?
12. ¿Poner el pulgar derecho hacia arriba mientras te agarras las manos?
13. ¿Preferir álgebra en lugar de geometría?
14. ¿Preferir geometría en lugar de álgebra?
15. ¿Ser mayormente competitivo y buscar alcanzar tus metas?
16. ¿Sentirte más a gusto en libertad y no te gusta la competencia?

Tu tipo de cerebro:

Si respondiste afirmativamente a la mayoría de las preguntas impares (1, 3, 5, 7, 9, 11, 13, 15) eres del tipo de cerebro **Izquierdo**, y si estás de acuerdo con la mayoría de las preguntas pares (2, 4, 6, 8, 10, 12, 14 y 16) eres del tipo de cerebro **Derecho**.

Para aumentar tu poder mental:

Busca el equilibrio entre los dos hemisferios de tu cerebro al desarrollarlos y utilizarlos de manera armoniosa.

Para desarrollar tu lado derecho:

- Medita unos minutos todos los días.
- Continúa con visualización creativa —piensa en escenarios renovadores, positivos y de éxito.
- Fantasea sobre cómo será tu futuro, digamos, dentro de diez años.
- Desarrolla tu intuición. Pon atención a tus presentimientos y a tus corazonadas repentinas.
- Maneja el estrés al vencer a tu furia mental entrando en contacto con tu Inteligencia Superior.

- Desarrolla una conciencia de tus sueños. Escribe los detalles de tus sueños cuando estés despierto. Más tarde, cuando estudies tus sueños, un detalle en particular puede ser la clave que estabas buscando.
- Destierra las actitudes y los pensamientos negativos; ayúdate con la respiración profunda, relaja cada parte de tu cuerpo, mantén tu confianza relajada.

Para desarrollar tu lado izquierdo:

- Define tus objetivos.
- Junta la punta de tu dedo índice derecho (controlado por el hemisferio izquierdo) y el pulgar cuando te agarres las manos o cuando leas.
- Maneja tu tiempo diciendo "No" a las actividades innecesarias.
- Planea tu día con mucho cuidado y desarrolla la conciencia del tiempo y el espacio.
- Intenta aprender algo nuevo cada día y no dejas que las cosas se den por sentadas.
- Trata a tu cerebro como si fuera un gimnasio y dale tono muscular a tus músculos cerebrales.

■◆■

Aumenta tu éxito con imágenes positivas de ti mismo

"Cada vez que dos personas se encuentran en una organización, en realidad hay seis personas presentes. Está cada persona como se ve a sí misma, cada persona como la ve la otra, y cada persona como es en realidad", dice William James, el famoso sicólogo estadounidense.

El concepto de uno mismo es la imagen total o conciencia que tenemos sobre nosotros mismos. Incluye todas las percepciones de "Yo" y "Mí" junto con los sentimientos, creencias y valores asociados a ellas; y como tal, nuestro autoconcepto es en realidad el conjunto de nuestros seres. Podemos adquirir una percepción aguda de nosotros mismos cada vez que experimentamos una discrepancia entre nuestra autoimagen y la manera en que nos presentamos a los demás. El autoconcepto ejerce una poderosa influencia en todas estas instancias que afecta la manera en que percibimos y juzgamos las cosas y nuestro comportamiento. De hecho, la imagen de nosotros mismos es más real para nosotros que nuestro propio cuerpo y rige la manera en que experimentamos nuestro cuerpo.

Dentro del autoconcepto en general también distinguimos el *ser ideal*, el ser que nos gustaría ser incluyendo nuestras aspiraciones, ideales morales y valores. Según el punto de vista sicoanalítico, no estamos totalmente conscientes de nuestro ser ideal puesto que gran parte de él ha sido adquirida a través de las exigencias y prohibiciones de nuestros padres durante la infancia. Un ejemplo es un estudiante perfeccionista que siente que debe sacar sólo dieces o si no, no valdría la pena como persona. Es interesante que muchos estudiantes que se suicidaron sacaban muy buenas calificaciones pero tenían expectativas muy altas y poco realistas sobre ellos mismos.

Nuestro ser ideal puede servirnos como incentivo para hacer nuestro mejor esfuerzo, como el estudiante que hace su mejor esfuerzo con la esperanza de entrar a la escuela de medicina. Pero cuando no alcanzamos las expectativas de nuestro ser ideal, que sucede muy a menudo, es bueno sentir que tenemos la opción de esforzarnos aún más para lograr nuestras aspiraciones o modificarlas para obtener mejores incentivos, como una forma de fomentar nuestro crecimiento y autoestima.

¿Cómo describirías a tu ser ideal? ¿Tiendes a ser idealista y duro contigo mismo cuando no logras cumplir tus objetivos? ¿O tienes los pies en la tierra y tu mente es práctica puesto que te sacudes las decepciones y te das otra oportunidad? Para revisar tus percepciones en cuanto a la correspondencia entre tu autoimagen y tu ser ideal haz el siguiente ejercicio:

Instrucciones:

Copia la página que contiene los temas del A al P. Corta los dieciséis rectángulos guiándote por las líneas y colócalos en desorden en un escritorio.

Primero debes obtener el perfil de tu autoimagen, es decir, el ser que consideras que eres. Para hacerlo acomoda los rectángulos en una línea de arriba hacia abajo o de izquierda a derecha en escala. En un extremo coloca la oración que creas que te describe mejor. Después coloca el resto de rectángulos en orden, de la siguiente oración que te describe mejor hasta la que menos se relaciona contigo.

Ahora escribe la posición de cada tema en la columna llamada "ser". Por ejemplo, si clasificaste el rectángulo A en la octava posición, escribe 8 junto al rectángulo A.

Repite el proceso para tu ser ideal también. Coloca los rectángulos en el orden en que describan el ser que quisieras ser, comienza por el que quisieras más que fuera verdad y al final el que quisieras que fuera menos verdad sobre tu ser ideal. Cuando hayas terminado de clasificarlos escribe el orden de los temas o rectángulos en la columna llamada "ideal".

Una vez que termines de clasificar los rectángulos y de escribir los números, consulta la clave de puntuación que se da al final del ejercicio.

Soy una persona agradable	A	Soy creativo	I
Tiendo a ser impráctico casi todo el tiempo	B	Me siento celoso casi todo el tiempo	J
Tengo una fuerte necesidad de aprobación	C	Soy irritable	K
Soy honesto	D	Siempre vacilo al tomar decisiones	L
Soy atractivo para el sexo opuesto	E	Soy muy chismoso	M
Mi inteligencia es por encima del promedio	F	Tengo temor a Dios	N
Evado la realidad	G	Me desanimo con frecuencia	O
Soy una persona ansiosa	H	Tengo buenos modales	P

Tema	Ser	Ideal	Diferencia
A			
B			
C			
D			
E			
F			
G			
H			
I			
J			
K			
L			
M			
N			
O			
P			
			Suma de diferencias=

Puntuación

Para descubrir la correspondencia entre tu autoimagen y tu ser ideal mira las diferencias en la clasificación de cada rectángulo. Por ejemplo, si clasificaste el rectángulo A en la posición 8 de tu autoimagen, y en la 2 de tu ser ideal, la diferencia es 6. Escribe la diferencia absoluta entre los números de tu clasificación sin importar que sean números negativos.

Tu puntuación de diferencia	Correspondencia entre tu autoimagen y tu ser ideal
Más de 80	Baja
Más de 50	Promedio
Menos de 30	Alta

Ahora escribe el número en la columna de las diferencias.

Tu autoconcepto y tu crecimiento personal

Según los resultados de las investigaciones de Hazel Markus y sus compañeros, la visualización de nuestros "posibles seres", incluyendo los que deseamos y a los que tememos, nos ayuda a obtener nuestras metas y a manejar el presente de manera efectiva. Por ejemplo, en un estudio se indicó a los estudiantes que se imaginaran a ellos mismos en el futuro como personas muy exitosas o como personas fracasadas. Les pidieron que sus imágenes fueran lo más reales posible. Después, los estudiantes trabajaron en tareas difíciles y desafiantes. Los resultados mostraron que los estudiantes que se imaginaron como personas exitosas, lo cual activó sus posibles seres positivos, realizaron las tareas de mejor manera que aquellos que se imaginaron como personas fracasadas.

En otro estudio, se pidió a personas que recientemente hubieran experimentado una crisis como la ruptura de una relación importante o la muerte de un ser querido que eligieran entre describirse a sí mismos en el presente y en el futuro. Como se predijo, las víctimas de la crisis describieron a sus seres del presente en términos negativos, en particular aquellas que no estaban manejando bien su crisis.

Entonces, aumenta tus posibilidades de éxito, imagina lo más vívido posible cómo te verás, cómo te sentirás y cómo reaccionarás. Esto también te ayuda a crear una imagen del ser al que temes, es decir, qué pasaría si no tuvieras éxito. Piensa en los intentos fallidos de bajar de peso, tu mal rendimiento en la escuela o en el trabajo. En cualquier escenario, las imágenes vívidas de nuestro posible ser pueden ayudarnos a convertirnos en la persona que queremos ser, en especial cuando van acompañadas del esfuerzo adecuado. Así que, a partir de ahora empieza a crear tu imagen positiva de ti mismo.

■♦■

¿Qué tan creativo eres?

La creatividad permite que los individuos de las organizaciones confíen en sí mismos y que sean ingeniosos para enfrentarse a problemas personales, interpersonales y de todo tipo relacionado a situaciones laborales. La creatividad es el rasgo de un individuo que aumenta su capacidad para percibir pistas de un nivel superior de síntesis incluso en situaciones de ambigüedad conceptual. Antes se pensaba que la creatividad se limitaba sólo a unos cuántos individuos talentosos. Sin embargo, por medio de sólidas investigaciones llevadas a cabo durante las décadas anteriores, se ha demostrado que casi toda la gente nace con una imaginación rica y vigorosa, y que la habilidad creativa está distribuida casi de manera universal. Toda persona posee creatividad como rasgo fundamental, aunque muy poca gente hace uso de su potencial creativo. Incluye ser independiente y espontáneo en cuanto a la expresión, innovación, ingenio y posesión de una actitud para resolver problemas.

En la década de los setenta, las investigaciones de los sicólogos Knecheges & Woods y Raudsepp y Hough proporcionaron apoyo a esta teoría declarando que la creatividad es aleatoria, depende de la conservación de la curiosidad y el asombro que tuvimos en la infancia temprana, y que por desgracia, su ausencia es claramente visible en la mayoría de los adultos.

Entonces, la gran pregunta es "¿Qué fomenta o impide la creatividad?". Con el tiempo, conforme pasa la infancia aumenta la inhibición de la creatividad a medida que nos conformamos con la presión social del proceso educativo y nuestra interacción con la sociedad. Con el tiempo se desarrollan capas de comportamiento que frustran el potencial creativo. La chispa de la creatividad se encoge cada vez más hasta que ya no emite radiaciones. Si esta chispa de energía no se estimula y es restringida, esta restricción se vuelve más fuerte hasta que finalmente la chispa se extingue.

No obstante, si nos obligamos a revivir la creatividad podremos descubrir nuestro potencial oculto y volver a hacer uso de él para obtener una vida más creativa y satisfactoria.

¿Hay impedimentos —perceptivos, emocionales o culturales— que pienses que tienden a reducir tu creatividad? Contesta el siguiente cuestionario y descubre las barreras de tu psique que reducen tu creatividad. Los principales impedimentos pueden estar relacionados a:

1. Tu concepto del Ser —es decir, tu autoestima, autoconfianza, la manera en que manejas el rechazo y tu habilidad para confrontar las diferentes opiniones.
2. Tu necesidad de conformidad —es decir, tu inclinación a soltarte de los viejos patrones, a correr riesgos, a expresar tus ideas y a analizar los valores tradicionales.
3. Tu capacidad para manejar lo abstracto —es decir, tus tendencias a utilizar tu mente inconsciente, a resumir, a ver las cosas desde un punto de vista holístico y a confiar en tu intuición.
4. Tu capacidad para completar las tareas —es decir, tus patrones de trabajo, tu tesón, tu actitud hacia otros y tu ingenio.

Ahora lee las oraciones del siguiente cuestionario, y en el cuadro posterior decide qué números corresponden a tu nivel de concordancia con la oración. Escribe ese número en el espacio a la izquierda de la oración.

1 - Estoy totalmente de acuerdo
2 - Estoy de acuerdo
3 - Estoy poco de acuerdo
4 - Difiero un poco
5 - Difiero
6 - Difiero totalmente

1. Evalúo las críticas para determinar cómo pueden serme útiles.
2. Al resolver problemas intento aplicar conceptos o métodos nuevos.
3. Puedo cambiar el mecanismo o el énfasis en lo abstracto.
4. Siempre hago mi mejor esfuerzo ante un problema, aunque parezca trivial o no despierte mi entusiasmo.
5. No me resulta difícil cuando critican mis ideas.
6. Ya he corrido riesgos calculados y volvería a hacerlo.
7. Sueño despierto y fantaseo con facilidad.
8. A veces intento una respuesta "que no es factible" y espero que al final resulte que sí es factible.
9. Me siento a gusto con mis compañeros aunque mis ideas o planes sean criticados o rechazados.
10. Con frecuencia leo opiniones contrarias a las mías para enterarme de lo que piensa la oposición.
11. Traduzco símbolos a ideas concretas o pasos de acción.
12. En la idea —etapa de formulación de un proyecto— freno los juicios críticos.
13. Modificaría cualquier idea, plan o diseño aunque eso signifique encontrar oposición.
14. Me siento cómodo al expresar mis ideas aunque sean minoría.
15. Disfruto participar en actividades no-verbales, simbólicas o visuales.
16. Llevo un registro de las ideas desechadas.
17. No sentiría una pérdida importante de estatus o prestigio si el jefe rechazara públicamente mi plan.
18. Frecuentemente cuestiono las políticas, los objetivos, los valores o las ideas de una organización.
19. A propósito ejercito mis habilidades visuales y simbólicas con el fin de fortalecerlas.
20. Rara vez rechazo las ideas ambiguas que no están relacionadas directamente con el problema.
21. Me siento incómodo apoyando una idea que vale la pena si amenaza la armonía interna del grupo.

A	B	C	D
1	2	3	4
5	6	7	8
9	10	11	12
13	14	15	16
17	18	19	20
21	22	23	24

Columnas _______ _______ _______________
Total

22. Estoy dispuesto a presentar un enfoque novedoso aunque haya posibilidades de que no funcione.
23. Soy capaz de reconocer cuándo los símbolos o la visualización me darán beneficio.
24. He sido capaz de decidir cuándo es momento de salirme de un ambiente desagradable y cuándo es momento de quedarme y cambiar el ambiente (incluyendo el autocrecimiento).

Ahora escribe el recuento de tus respuestas en los siguientes espacios adecuados, después suma los números de cada columna y escribe los totales en los espacios:

Coloca los resultados de tu hoja de resultados en la siguiente gráfica. La columna vertical representa tus resultados y va de los números 6 al 24. La columna horizontal representa las columnas de tu hoja de resultados y va de la letra A a la D. Las claves de la parte posterior identifican las barreras de cada columna. Conecta los puntos que colocaste con una línea. **Los puntos altos representan tus barreras**, de manera que trabaja sobre esas áreas para que dejen de reprimir tu creatividad.

24				
20				
15				
10				
6				
	A	B	C	D

Claves para las barreras

A = Barreras relacionadas a la autoconfianza y correr riesgos.
B = Barreras relacionadas a la necesidad de conformidad.
C = Barreras relacionadas al uso de lo abstracto.
D = Barreras relacionadas al logro de tareas.

¿De qué manera interactúas dentro de tu grupo de trabajo?

A mucha gente le es difícil trabajar e interactuar en un ambiente que le es ajeno o con gente que tiene preferencias culturales diferentes a la suyas. La manera en que sentimos, pensamos y nos comportamos puede revisarse en términos de cómo nos perciben los demás y cómo interactúan con nosotros.

A medida que nos desarrollamos dentro de nuestra cultura y en nuestra interacción con los demás tendemos a formar preferencias y varios aspectos de las interacciones interpersonales. Muchas de estas preferencias se identifican en términos del "contexto". Dos "contextos" básicos son el *individualista* y el *colectivista*. El contexto en el que interactuamos afecta la manera en que nos relacionamos y comunicamos con los demás, y cómo interpretamos la información, lo cual afecta a nuestra vida laboral.

Si quieres aumentar tu autoconciencia en cuanto al tipo de contexto al que perteneces lee las siguientes oraciones que describen cómo reaccionarías dentro de un trabajo o grupo para solucionar un problema. Responde a cada oración marcando la opción que describa tu preferencia en términos de tu acuerdo o desacuerdo con ella. Utiliza la siguiente escala para realizar tus respuestas:

Difiero totalmente (DT) = 0
Difiero (D) = 1
Difiero un poco (DP) = 2
Estoy poco de acuerdo (PA) = 3
Estoy de Acuerdo (A) = 4
Estoy totalmente de acuerdo (TA) = 5

Oraciones

(DT) (D) (DP) (PA) (A) (TA)

1. Llego a un acuerdo con los demás con el fin de mantener la armonía del grupo.
   (DT) (D) (DP) (PA) (A) (TA)
2. Creo que el líder del grupo debe alejar a los miembros del grupo de los problemas o cuestiones que interrumpan el equilibro del mismo.
   (DT) (D) (DP) (PA) (A) (TA)
3. Confío en los miembros del grupo y apoyo sus intereses comunes aunque no esté de acuerdo con ellos.
   (DT) (D) (DP) (PA) (A) (TA)
4. Utilizo la diplomacia para no avergonzar a nadie del grupo mientras intentamos solucionar un problema.
   (DT) (D) (DP) (PA) (A) (TA)
5. Una vez que el grupo ha aprobado una meta, se espera que se cumpla.
   (DT) (D) (DP) (PA) (A) (TA)
6. Yo decido por mí mismo qué debe hacerse y cómo debe hacerse.
   (DT) (D) (DP) (PA) (A) (TA)
7. Guío a los demás con el propósito de obtener resultados lo más pronto posible.
   (DT) (D) (DP) (PA) (A) (TA)
8. Confronto directamente los problemas o conflictos entre los individuos del grupo.
   (DT) (D) (DP) (PA) (A) (TA)
9. Digo lo que pienso aunque pueda lastimar los sentimientos de alguien más.
   (DT) (D) (DP) (PA) (A) (TA)
10. Se debería recompensar a los ejecutores individuales sobresalientes en las actividades grupales más que a quienes no contribuyen tanto.
    (DT) (D) (DP) (PA) (A) (TA)
11. No me gusta trabajar solo o estar separado del grupo.
    (DT) (D) (DP) (PA) (A) (TA)

12. Me siento incómodo cuando hay personas en el grupo que permanecen distantes y no interactúan con el resto.
(DT) (D) (DP) (PA) (A) (TA)
13. En una reunión del grupo es importante que nos mantengamos juntos.
(DT) (D) (DP) (PA) (A) (TA)
14. Es mejor que el líder esté en un lugar céntrico en el que todos los miembros del grupo puedan interactuar con él.
(DT) (D) (DP) (PA) (A) (TA)
15. La mejor forma de trabajar en un grupo es permanecer juntos en la misma habitación hasta que se llegue a un acuerdo.
(DT) (D) (DP) (PA) (A) (TA)
16. No quiero que me interrumpan cuando estoy trabajando en un problema o reflexionando sobre él.
(DT) (D) (DP) (PA) (A) (TA)
17. Necesito estar alejado del grupo para poder pensar o tomar una decisión.
(DT) (D) (DP) (PA) (A) (TA)
18. Prefiero trabajar solo hasta que esté listo para reunirme con el grupo.
(DT) (D) (DP) (PA) (A) (TA)
19. El líder de un grupo u organización debe estar separado del grupo pero a mi alcance cuando lo necesite.
(DT) (D) (DP) (PA) (A) (TA)
20. Cuando trabajo en grupo prefiero hacerlo con individuos que piensan como yo.

Puntuación

Da un valor a cada una de tus respuestas utilizando la tabla de correspondencia anterior y coloca la puntuación en el lugar correspondiente del siguiente cuadro:

Interpretación

Si tu puntuación es mayor en las oraciones que pertenecen al:

Grupo A (indica "Colectivistas")		**Grupo B** (indica "Individuaistas")	
Oraciones	**Puntuación**	**Oraciones**	**Puntuación**
1.		11.	
2.		12.	
3.		13.	
4.		14	
5.		15.	
6.		16.	
7.		17.	
8.		18	
9.		19.	
10.		20.	

Tu máxima puntuación puede ser hasta 100.

Grupo A (El Colectivista)

Tiendes a ser un Colectivista. Este tipo de personas hacen énfasis en las relaciones, en las metas del grupo, en el proceso y las situaciones que le rodean, en la comunicación verbal y las interrelaciones. Las normas culturales están orientadas principalmente a los grupos. Los lazos familiares y de la comunidad son fuertes; las religiones y las creencias espirituales son profundas. En una cultura tal, la gente busca más allá de lo obvio para encontrar matices en los significados, pistas en la comunicación no-verbal y en el estatus de los demás.

Debido a que tu tendencia es pertenecer a este grupo, entre tus características personales se encuentran el ser directo, buscar pertenecer a grupos, ser informal, tener preferencia por los equipos, ser leal, sistemático, callado, paciente, responsable, cooperador, compartido, algo lento al tomar decisiones, respetuoso y buen escucha. Tienes tendencias a minimizar tus metas personales a favor de las metas del grupo y a ser más comprometido con los acuerdos del grupo.

Grupo B (El Individualista)

Eres de las personas individualistas que se enfoca en las metas, tareas, hechos, manejo de tiempo, soluciones individuales y en tu privacidad. Los individualistas son enérgicos, directivos, controladores, se guían por los resultados, son independientes, de voluntad fuerte, competitivos, rápidos al tomar decisiones, son impacientes, organizados, autorrestringidos y tienen gran necesidad de reconocimiento por su actuación. Sus metas se guían en la acción para producir beneficios materiales a corto plazo y aprecian el éxito financiero. Consideran que las emociones son inapropiadas en casi todos los escenarios sociales y laborales. Los planes de los individualistas son progresivos y pueden cambiar rápidamente.

No obstante, estas personas pueden crear menos cohesión y estabilidad en un grupo. Tienden a ser menos comprometidos con los acuerdos del grupo, y cuando se presenta un conflicto entre sus metas personales y las del grupo, le dan más importancia a las metas individuales. A los individualistas no les gusta considerar las opiniones de los demás antes de actuar. Aclarar sus planes con otras personas interfiere con su deseo de "hacer las cosas a su modo".

Aplicación individual

Si tu puntuación es muy alta en el grupo A o B y muy baja en el grupo A o B posees menos habilidad para interactuar en un contexto cultural y puedes interactuar bien con gente que tenga un perfil *similar al tuyo*, pero no con otros.

Si tu puntuación es relativamente alta en el grupo A y B posees mayor habilidad para interactuar dentro de grupos en los que haya diferentes niveles de requerimientos contextuales. Eres más capaz de manejarte entre las situaciones y/o los grupos con facilidad, de ser más flexible y adaptable en situaciones donde haya que interpretar y tomar decisiones y de ser más sensible en el aprendizaje y en la toma de decisiones.

En general, las puntuaciones bajas representan una dificultad potencial en la interacción dentro de grupos con variaciones en las preferencias culturales. Las barreras como el idioma, la religión, filosóficas, sociales o de comunicación no se incluyen en este perfil.

¿Cuáles son los frenos en tu profesión?

El otro día estaba viendo mi CD favorito de Jagjit Singh en una tienda de discos cuando me encontré a mi amiga de la infancia, Anu, que estaba comprando discos de música clásica. Las dos nos pusimos sentimentales y nostálgicas recordando cuando solíamos cantar juntas en las obras de la escuela. Ella hizo la carrera de medicina a pesar de su pasión por la música. Y ahora, seis años después había regresado a la música y se veía mucho más feliz. El incidente me recordó el caso del líder del famoso grupo de música pop Euphoria, el Dr. Palash Sen, quien a pesar de ser doctor sigue su verdadera pasión, la música.

Ese tipo de casos es muy común. Los valores que tenemos acerca de diferentes aspectos de la vida afectan constantemente nuestra psique y nuestras opciones. En pocas palabras, son los frenos de nuestra profesión. Las investigaciones de Schein, en 1990, revelan que el freno de la profesión representa la autoimagen de una persona en la actividad en que destaca, quiere y valora. Identificar las preferencias ayuda a entender los valores del trabajo propio. Con el tiempo, esto afecta a la creatividad, a la satisfacción que se obtiene del trabajo, a ganar dinero, ser independiente y disfrutar de prestigio y estatus, ayudar a los demás, etcétera.

De igual manera, Ginzberg asegura que las decisiones que se toman antes de los diecisiete años son sólo tentativas y que las decisiones verdaderas se toman después de pasar esta edad. Las investigaciones de Gray afirman que los profesores tienen mayor preferencia por la gratificación social mientras que los contadores prefieren el prestigio. De forma similar, Thompson reportó importantes diferencias de género, según las cuales las mujeres daban menor importancia al liderazgo, el sueldo y el reconocimiento que los hombres. Por el contrario, los hombres daban menos importancia a la autoexpresión y al servicio social que las mujeres.

Las personas de éxito valoraban los trabajos que alientan la individualidad más que las personas que no tienen éxito. Buen sueldo, liderazgo y empleos interesantes y desafiantes son otras de las preferencias de las personas exitosas. Además, Domenichetti descubrió que los valores cambian con la madurez.

¿Estás consciente de cuáles son los frenos de tu profesión y del impacto que tienen en tu vida laboral? Si no lo estás, el siguiente cuestionario puede ayudarte. Está basado en las Escalas Directivas de Trabajo-Valores de Pareek, Rao y Pestonjee.

Puntuación

Lee con cuidado cada oración y da tu respuesta espontánea. Califica tus respuestas con la siguiente escala: Muy atractivo -3; Atractivo-2; Poco atractivo-1; Nada atractivo-0.

Prefiero un trabajo en el que:

1. Desarrolle nuevas ideas.
2. Me paguen muy bien.
3. No dependa de otros.
4. Tenga un puesto de prestigio.
5. Mis compañeros y yo nos llevemos bien juntos.
6. Reciba grandes recompensas financieras.
7. La gente me respete.
8. Tenga una posición muy segura.
9. Disfrute de la compañía de mis compañeros.
10. Tenga la oportunidad de inventar cosas nuevas.
11. Tenga libertad e independencia.
12. Los jefes y los subordinados se lleven muy bien.
13. Me paguen suficiente dinero para tener todas las cosas que quiero.
14. Haga las cosas como yo quiera.

15. Tenga un estatus alto.
16. Nada amenace mi trabajo.
17. Tenga buenos socios.
18. Tenga una sensación de logro.
19. Tenga un buen sueldo.
20. No tenga miedo de perder mi trabajo.
21. Haga cosas únicas.
22. Sea reconocido.
23. No esté en peligro de ser despedido.
24. Haga las cosas casi por mí mismo.

Análisis

Estas 24 oraciones reflejan las siguientes dimensiones de los valores laborales respectivamente:

Creatividad: 1, 18, 10, 21
Económico: 2, 13, 6, 19
Independencia: 3, 11, 14, 24
Estatus: 4, 7, 15, 22
Seguridad: 8, 16, 20, 23
Cooperación entre compañeros: 5, 12, 17, 9

Cuenta tus preferencias de cada aspecto. Mientras más alta sea tu puntuación, mayor valor concedes a ese aspecto. Acomoda tu puntuación de la mayor a la menor para descubrir la jerarquía de tus valores laborales. Ahora juzga por ti mismo si la profesión que elegiste está de acuerdo con tus valores laborales preferidos.

Conoce tu tipo de personalidad

Casi todos afirmamos que estamos seguros de nosotros mismos y de nuestro tipo de personalidad, pero no siempre es así. La psique humana es más complicada y confusa de lo que imaginamos. El siguiente es un ejercicio de sensibilidad para que reflexiones y te familiarices con tus rasgos de personalidad, con miras a quitar capa por capa y revelar poco a poco tu ser oculto. Esta conciencia te ayudará a sondear tu aspecto sicológico, lo cual te permitirá manejar de manera más realista y efectiva los retos de tu vida diaria.

1. ¿Algunas veces te sientes contento y otras deprimido sin una razón aparente?
2. ¿Tu mente vaga a menudo cuando estás intentando concentrarte?
3. ¿Te sientes más feliz cuando te involucras en algún proyecto que requiere acción rápida?
4. ¿Algunas veces sientes que la energía te burbujea dentro del cuerpo y otras te sientes muy desganado?
5. ¿A menudo te preocupan tus sentimientos de culpa?
6. ¿Por lo general prefieres ser líder en las actividades de grupo?
7. ¿Con frecuencia estás perdido en tus pensamientos cuando se te pide que intervengas en una conversación?
8. ¿Por lo general tomas la iniciativa a la hora de hacer amigos?
9. ¿Cuándo termina un momento crítico, generalmente piensas en algo que pudiste haber hecho y no hiciste?
10. ¿Te inclinas por ser rápido y justo en tus actos?

Puntuación

Date un punto por cada respuesta **correcta**.

Respuestas correctas: Preguntas 3, 6, 8 y 10: Sí.

Preguntas 1, 2, 4, 5, 7 y 9: No

Interpretación

De 7 a 10: Dominas muy bien el arte de iluminar tu vida y explorar el inmenso universo de la conciencia, la experiencia y la aventura. Tiendes a moverte con la facilidad de un corazón ligero hacia nuevas dimensiones interiores y patrones creativos en el mundo exterior. Sientes un aleteo en tu interior y extiendes tus alas para volar libremente. Posees una cualidad amable y jovial en todo lo que haces. Tu personalidad es equilibrada, positiva y extrovertida.

De 4 a 6: Necesitas deshacerte de algunos de tus preceptos mentales y bloqueos emocionales para que aproveches las oportunidades que se te presentan. Una visión nueva puede abrirte nuevas puertas para tu expansión mental. Aunque tiendes a la introversión, tienes la capacidad de aumentar tu potencial si tomas el control de tus emociones negativas.

De 1 a 3: Tienes la tendencia a tensarte innecesariamente con pensamientos negativos, lo cual te lleva a la falta de acción y de energía. La conciencia interior puede conducirte a un espacio de meditación y a una dimensión de experiencia superior. Es necesario que cambies tu estilo introvertido, tus rutinas y patrones después de hacer un poco de introspección y valoración honesta. Un nuevo enfoque sobre el mismo problema puede ser la solución que buscabas. Puedes abrir nuevas puertas a un estilo de vida más positivo para tu autocrecimiento con la ayuda de autosugestiones positivas.

■♦■

¿Eres capaz de hacer que los demás se abran?

Algunas personas nacen con las cualidades de fiabilidad y una cálida disposición básica. En contraste, hay otras que parecen tener dificultades para desarrollarlas, en parte porque crecieron en familias donde no tuvieron calidez ni sentido familiar. En consecuencia se sienten incómodas cuando la gente se acerca a ellas. Algunos individuos crecieron en un ambiente de amor y comprensión con los demás y eventualmente logran tener relaciones satisfactorias a pesar de su pasado y carencias. La gente tiende a confiar en ellos sin tener miedo de que la traicione puesto que siente que la aceptan por completo, tal y como es, y puede contar con ellos cuando los necesite. La sensibilidad de estos individuos hacia los sentimientos y reacciones de los demás los hace indispensables. Comparten una actitud de afinidad con los demás y eso les otorga popularidad. Son observadores de ellos mismos y modifican su propio comportamiento para dejar una impresión favorable en los demás.

Si quieres averiguar sobre esta dimensión de autoobservación en ti mismo, reflexiona sobre los siguientes temas.

Responde sinceramente a las preguntas con un "Sí" o "No":

1. ¿La gente tiende a hablarte sobre sí misma?
2. ¿Te han dicho que sabes escuchar?
3. ¿Tienes la cualidad de aceptar espontáneamente a los demás?

4. ¿La gente te confía sus secretos?
5. ¿Logras que la gente se abra contigo con facilidad?
6. ¿La gente se siente relajada contigo?
7. ¿Disfrutas escuchando a los demás?
8. ¿Eres empático ante los problemas de la gente?
9. ¿Alientas a la gente a que te diga cómo se siente?
10. ¿Puedes hacer que la gente siga hablando de sí misma?
11. ¿Sientes empatía con la gente que te platica sus problemas?
12. ¿La gente te considera confiable y genuino?
13. ¿Haces un esfuerzo por decir palabras reconfortantes cuando te comunicas con la gente?
14. ¿Los demás te consideran altruista?
15. ¿Ves el lado positivo de las cosas y piensas de manera positiva?

Puntuación

Da un punto por cada **"Sí"** como respuesta.

Interpretación

De 11 a 15: Tienes una personalidad estimulante y de autoobservación, con una preocupación genuina por los demás y procuras escucharlos con paciencia. Eres capaz de influir sobre la impresión que dejas en los demás y entiendes sus reacciones. La gente confía en ti y tu capacidad para escuchar y para relacionarte hace que seas el más buscado de tu círculo de amigos. Tu efectividad personal y tu arte de hacer amigos e influir sobre la gente te dan mucha popularidad.

De 6 a 10: Tienes una disposición moderada hacia la gente que busca consuelo en ti cuando tiene problemas. Posees un talento natural aceptable para lograr que los demás compartan sus preocupaciones contigo. Tu capacidad para compartir la pena de otros y para lograr que saquen su carga emocional funciona como terapia para ellos.

De 1 a 5: Tu punto de vista egoísta y tu falta de interés en los demás evita que se abran contigo, al parecer, tu falta de comunicación con ellos es la causa de este distanciamiento.

Esta incapacidad para comunicarte de manera íntima y para interesarte genuinamente por los demás se genera en un nivel profundo de compartir sentimientos, expectativas, intenciones y necesidades personales. Ya es hora de que seas consciente de los principios de compartir amor y relaciones cercanas en la vida. Un compromiso verdadero se basa en un amor desinteresado, compañía y sus sutiles recompensas.

¿Eres un buen escucha?

A toda la gente le encanta que la escuchen y casi siempre responden a quienes lo hacen. Las investigaciones indican que no hay jefe más persuasivo que aquel que sabe escuchar bien. "Escuchar activamente es lo más importante de la capacidad de comunicarse. Es más importante que ser un orador apasionado, más que una voz potente, más que la habilidad de hablar diferentes idiomas, incluso más que el don de ser un buen escritor", dice Dale Carnegie.

Es sorprendente que muy pocas personas escuchan bien, pero los líderes exitosos son los que han aprendido la importancia de escuchar. Esto significa escuchar a los empleados, clientes, amigos y familia —aunque tus críticos más severos opinen lo contrario. Por supuesto, no significa depender de las opiniones de los demás, sino simplemente escucharlos.

Escuchar activamente requiere involucrarse en la conversación, incluso cuando el escucha no diga ni una palabra. Es necesario comprometerse de forma genuina. Y requiere algún tipo de respuesta —rápida, juiciosa, sobre el tema y concisa.

Bill Makahilahila, Director de Recursos Humanos de microelectrónica SGS-Thomson Inc., dice: "Una persona que está escuchando activamente por lo general hace preguntas y espera respuestas, lo contrario a dar una solución instantánea. Escuchar activamente sucede cuando el empleado siente y sabe con certeza que no estás sacando conclusiones adelantadas". Makahilahila asegura que es un concepto tan importante que creó el Premio al Escucha Activo para los supervisores de SGS-Thomson que son grandes escuchas.

El primer paso para convertirse en un gran escucha activo es entender cuán importante es saber escuchar. El segundo paso es querer aprender. Por último debes entrenar tus florecientes habilidades de escucha, puesto que no sólo es para escuchar, sino para entender los sentimientos de la otra persona y pensar sobre ellos. Así, al ser capaz de reflejarlos puedes demostrar la importancia que tienen para ti.

Puede parecer extraño, pero escuchar las opiniones de los demás es la mejor manera de convencerlos sobre *tu* forma de pensar. Escuchar es la forma de persuadir a los demás con tus oídos, ¡es verdad! Escuchar puede ser una herramienta muy poderosa para que vean las cosas de la manera en que tú lo haces.

"La verdadera clave" según el banquero Tom Saunders de la Compañía Saunders Karp, "es entender a la persona, lo que valora, cómo quiere considerar sus inversiones y si tú puedes decir con honestidad que tu enfoque fue el adecuado y compatible con sus necesidades".

Saunders está en el negocio de asesorar a las grandes compañías sobre cómo invertir grandes sumas de dinero. ¿Cuál es su técnica número uno? Escuchar. "Todo se remite a escuchar", dice. "¿En qué está pensando? ¿Por qué dijo que no? ¿Cuál fue la verdadera razón detrás de su respuesta? He tenido una relación de trabajo con AT&T durante más de veinticinco años y ha sido extraordinaria. Creo que se debe básicamente a saber escuchar".

¿También eres partidario del arte de convertir la escucha en una herramienta práctica de mejoramiento? Responde al siguiente cuestionario.

Cuando estás escuchando:

1. ¿Haces preguntas y esperas a que te respondan?
2. ¿Respondes de manera rápida y directa a las preguntas que se te hacen?
3. ¿La otra persona *siente* que estás escuchándola activamente?
4. ¿Ocasionalmente asientes con la cabeza, o con "ajá" o "sí"?
5. ¿Cambias de posición o te inclinas hacia delante en la silla y sonríes o mueves la cabeza en momentos adecuados?

6. ¿Mantienes contacto visual con tu interlocutor?
7. ¿Haces preguntas relacionadas a lo que se *acaba* de decir después de que la otra persona hace una pausa?
8. ¿Mentalmente, "estás con tu interlocutor" en todo momento?
9. ¿Estás tentado a interrumpir a tu interlocutor si no estás de acuerdo con su punto de vista?
10. ¿Escuchas pacientemente y tienes la menta abierta?
11. ¿Alientas a tu interlocutor a que exprese totalmente sus ideas?
12. ¿Eres capaz de olvidarte por un momento de tu punto de vista más importante?

Puntuación

Respuestas correctas: "Sí" es la respuesta correcta para todas las preguntas excepto para la 9.

Interpretación

8 o más: En realidad tienes "don de gente". Eres un buen escucha y tienes la inteligencia para entender que escuchar atentamente a las personas es uno de los mayores cumplidos que podemos dar a alguien. Los demás piensan que de verdad te interesas en ellos cuando lo único que haces es escucharlos y alentarlos a hablar. De esta manera aprendes cosas y la gente te responde puesto que la escuchas. Así pues eres un comunicador efectivo y puedes convertirte en un líder exitoso. ¡Sigue así!

Menos de 8: Parece que estás demasiado preocupado contigo mismo como para escuchar. Deshazte de tu enfoque egoísta. Debes aprender a escuchar a los demás —tus empleados, clientes, amigos, familia y a quienes te critican. Involúcrate con los demás. La gente debe ser tratada como individuos, en primer lugar son personas y en segundo son empleados. Es una técnica especial de motivación. Así que deja de centrarte en ti mismo y descubre lo que es importante para los demás.

El método del autodesarrollo

Sicólogos como Abraham Maslow afirman que algunas personas tienden a alcanzar un nivel de funcionamiento más sano y óptimo que la gente promedio. Maslow las llama personas autodesarrolladas. Estas personas están relativamente libres de problemas sicológicos importantes y utilizan sus talentos y fortalezas de la mejor manera posible. En comparación a la gente promedio, estas personas tienen ciertas características en común como un enfoque fresco en su forma de apreciar la realidad de cada día, mayor aceptación de ellas mismas y de los demás, mayor creatividad y una gran resistencia a la conformidad. Mucha gente no logra actualizarse a sí misma puesto que carece de circunstancias propicias. Sin embargo, un sinnúmero de gente es muy creativa a pesar de la falta de circunstancias propicias. Maslow reconoce que es un misterio la razón por la cual la prosperidad económica causa que algunas personas crezcan mientras que atrofia el crecimiento en otras. Por lo tanto, un ambiente favorable por sí solo no asegura el crecimiento. Es necesario que la persona tenga un intenso deseo de crecer, de contrarrestar la apatía y la resistencia al crecimiento. El desarrollo personal tiende a ser una lucha entre fuerzas que propician el crecimiento y otras que lo frenan.

Para medir tu nivel de crecimiento sicológico y autodesarrollo indica si estás de acuerdo o en desacuerdo con cada una de las siguientes oraciones. Coloca el número correspondiente en los espacios al final de cada una: 1 = difiero; 2 = difiero un poco; 3 = coincido un poco; 4 = coincido.

1. No me avergüenzo de ninguna de mis emociones. ______

2. Siento que debo hacer lo que los demás esperan que haga . . . . ______
3. Creo que la gente es esencialmente buena y que se puede confiar en ella. . . . . ______
4. Me siento libre de enojarme con las personas que amo. . . . . ______
5. Siempre es necesario que los demás aprueben las cosas que hago. . . . . ______
6. Me cuesta trabajo aceptar mis debilidades.. . . . . ______
7. La gente puede agradarme sin necesidad de que esté de acuerdo con ella. . . . . ______
8. Me da miedo el fracaso.. . . . . ______
9. Evito los intentos por analizar y simplificar áreas complejas.. . . . . ______
10. Es mejor ser uno mismo que ser popular. . . . . . ______
11. No tengo una misión en la vida a la cual me sienta especialmente dedicado. . . . . ______
12. Soy capaz de expresar mis sentimientos aunque puedan tener consecuencias indeseables. . . . . . ______
13. No me siento particularmente responsable de ayudar a nadie. . . . . ______
14. Me irritan mis miedos a ser inadecuado . . . . . . ______
15. Soy amado porque doy amor.. . . . . ______

Puntuación

Para sacar tu puntuación voltea las respuestas de las preguntas 2, 5, 6, 8, 9, 11, 13 y 14 (es decir, 4=1, 3=2, 2=3, 1=4). Después suma los resultados al resto de las oraciones. Tu puntuación debe estar entre 15 y 60 puntos.

Interpretación

Puntuación alta (de 47 a 60)

Eres una persona muy desarrollada que tiende a vivir en el presente más que en la culpa y el arrepentimiento del pasado, o con metas irreales o miedos al futuro. También tiendes a guiarte por tu interior, eres extrovertido y racional en tus pensamientos y tu comportamiento. Tomas decisiones corriendo riesgos razonables más que apegarte a lo seguro. Estás abierto a nuevas experiencias y confías en tu experiencia propia.

Puntuación media (de 31 a 46)

Tienes una habilidad media para percibirte y experimentarte en relación a tu medio ambiente. Sabes que sólo comienzas a vivir de manera auténtica a medida que afirmas tu libertad humana inherente y a tomar responsabilidad por tu vida. Estás consciente de que el autodesarrollo es un largo proceso de vida que aumenta el significado de la vida más que una meta fácilmente alcanzable.

Puntuación baja (de 15 a 30)

Tu centro interno de crecimiento es relativamente débil y poco desarrollado, está frenado por circunstancias que lo alteran. Lo que determina tu destino son tus decisiones y no las condiciones. Los pequeños logros son creíbles, por lo tanto alcanzables. Sólo aquellos que saben que algo en su interior es mayor a las circunstancias logran hacer cosas espléndidas.

■♦■

Éxito o fracaso en tu trabajo

¿Puedes definir exactamente el éxito? Tiene diferentes significados para diferentes personas. Éxito para un cirujano significa salvar una vida. Éxito para un enfermo significa reestablecer su salud. Éxito puede significar enfrentarse a problemas poco comunes. Puede ser ganar más dinero o tener cosas materiales, en particular en estos tiempos.

Según Sidney, un reconocido sicólogo, "Apégate a aquello que seas por naturaleza. Nunca abandones tu talento. Sé lo que la naturaleza quiso que fueras y tendrás éxito".

Aunque la civilización moderna ha hecho grandes progresos en muchas áreas, ha descuidado otras que son esenciales para el bienestar. "El progreso material indica éxito y mejora el bienestar hasta un punto, pero pasado ese punto, en lugar de impulsarnos hacia arriba, nos hace ir en círculos", dice Eknath Easwaran en su libro *Descubre tus recursos espirituales ocultos.*

Por desgracia, el hombre moderno tiende a buscar gozo a través del engrandecimiento sensual que inevitablemente resulta en una aventura breve y, algunas veces, en una experiencia dolorosa. No le importa obtener el verdadero éxito en perfeccionar el arte de buscar el gozo en su interior, el cual es eterno y no tiene rastros de dolor o pena. Como dice Lord Krishna a Arjuna en el sagrado *Bhagavad Gita*, "Aquel que disfruta de la felicidad del ser no se preocupa por ningún poder". Por el contrario, por la urgencia de obtener éxito para tener riqueza, fama, poder y placer, el hombre moderno parece no preocuparse por la felicidad del ser. Esto nos recuerda al dicho: "Qué es esta vida, si llenos de preocupaciones, no tenemos tiempo para detenernos y observar". Es irónico que ése sea el precio que pagamos por un éxito aparente. En realidad, ese éxito no es más que un fracaso. En palabras de Robert H. Schuller, autor de *El éxito es eterno, el fracaso nunca termina*, el fracaso está en "rendirse a la cobardía ante un cometido urgente pero riesgoso; negarse a escuchar el llamado superior a una tarea noble debido al miedo al fracaso en la ejecución de dicha tarea. Está en proteger el orgullo propio para evitarle un embarazoso fracaso profesional más que promover una hermosa causa que vale la pena. Está en degradar a la fe de una posición privilegiada de mando en tu vida y ascender al miedo a una posición de poder". Esto es el verdadero fracaso como persona, aunque en apariencia signifique éxito en términos materiales.

¿Qué significa el éxito para ti? Reflexiona sobre las siguientes oraciones para saber si estás de acuerdo o en desacuerdo con ellas.

1. El éxito no sólo se refiere al éxito mundano o material sino a poseer también cualidades humanas como amor por los demás, honestidad, perdón, empatía, determinación, autocontrol y compasión por los seres vivos.
2. El éxito no sólo significa poseer poder para dominar, controlar y mandar a los demás sino ser humilde y tener espíritu de servicio y de autosacrificio.
3. El éxito significa, que a pesar de los compromisos mundanos hagamos un borrador de un programa de vida —trazar una rutina espiritual y apegarnos a ella de manera sistemática y regular.
4. El éxito puede o no significar que has adquirido muchas cosas. No significa que te hayas vuelto una persona generosa.
5. El éxito es superior cuando te deja con el respeto hacia ti mismo por haber sido un buen auxiliar en la vida, en las libertadas y las oportunidades que Dios te ofrece.
6. El éxito es construir tu respeto por ti mismo al afirmar la dignidad de tus semejantes —tener un corazón y un alma enormes, y que los demás te admiren, te respeten y te quieran aunque tus posesiones materiales sean modestas.

7. Éxito es hacer algo bueno cuando puedes, en donde puedes y mientras puedes.
8. Éxito es volverse un Pensador de Posibilidades —atreverse a soñar el suelo imposible con Dios y darle a Él la oportunidad de hacer que ese sueño sea realidad.
9. El éxito nunca termina pero muere en cuanto se queda estático. Continúa produciendo nuevas posibilidades, algunas veces con forma de nuevos problemas. El fracaso nunca es definitivo.
10. La gente exitosa puede perder su trabajo, ser rechazada, ser testigo de cómo cae su empresa o cómo sus ideas se tambalean, pero aprovecha la adversidad y encuentra oportunidades de cambio.
11. La gente exitosa irradia una actitud positiva que inspira a los demás a ayudarse a realizar sus sueños.
12. La gente exitosa sabe que ser persistente requiere tomar decisiones. Y una decisión implica un riesgo, el cual corren sin pensarlo dos veces.
13. La gente exitosa entiende que nadie llega a la cima de un solo brinco. Lo que en realidad la diferencia es su voluntad para dar un paso seguido de otro a pesar de la adversidad.

Puntuación

Da un punto a cada **"sí"** como respuesta.

Interpretación

Tu comprensión sobre el arte de vivir exitosamente es:

De 9 a 13: Excelente.
De 6 a 8: Regular.
De 1 a 4: Pobre.

Échale un ojo a tu orientación de valores

Si te comparas a ti mismo
con los demás de tu profesión
puedes volverte creído y amargado
puesto que siempre habrá
personas mejores o peores que tú.
Disfruta de tus logros igual que de tus planes
y mantente interesado
en tu propia profesión aunque sea humilde
puesto que es una posesión real
En la cambiante suerte del tiempo.

San Pablo

Valores como éstos nos dan inteligencia emocional y estabilidad sicológica interior que nos garantizan éxito en los esfuerzos de nuestra profesión. La planeación estratégica personal es una parte muy importante de los programas de las direcciones de recursos humanos. Es el proceso por medio del cual creas una visión de tu futuro y de ahí determinas los pasos específicos a seguir para lograr ese futuro. El proceso comienza poniendo en claro los valores, escribiendo afirmaciones de tu visión y desarrollando afirmaciones correspondientes sobre tu misión para lograr que tu visión sea una realidad tangible. Los valores son un prerrequisito esencial para todo ello y rigen nuestras misiones, que a su vez, nos garantizan nuestros sueños dorados.

Entonces, los valores son conceptos, principios o estándares que rigen nuestras decisiones y acciones. Algunos ejemplos de valores son honestidad, perseverancia, confiabilidad, autosuficiencia y fe. Sin una clara conciencia de los valores propios, los cuales constituyen una visión del futuro, la persona se queda sin dirección. Todos debemos revisar e identificar los valores que queremos que nos rijan puesto que son nuestros indicadores. Nos ayudan a tomar decisiones correctas en la vida personal y en situaciones cruciales del trabajo. Nos moldean en el plano sicológico y nos ayudan a determinar la sociedad que crearemos el día de mañana al decidir sobre los valores a los que damos importancia hoy. De hecho, nos dan fuerza para trabajar de manera ética y más fructífera porque se reflejan en nuestra manera de trabajar y en nuestra cultura laboral.

Casi todos estamos condicionados de manera sicológica y cultural dentro de nuestros valores de educación. Desgraciadamente, la comprensión del Ser y nuestra relación con el cosmos no forma parte del sistema educacional formal. La respuesta a dicha búsqueda intelectual es el aprendizaje experimental. Cuando la introspección aclara nuestros valores podemos tomar decisiones más sabias, interactuar de manera más efectiva y ser más creativos en todo lo que planeemos hacer.

A continuación hay una serie de valores (basados en el modelo diseñado por Susan H. De Vogal, en Minnesota) que indican diferentes dimensiones del desarrollo organizacional del sistema de valores. Léelos cuidadosamente para examinar cuáles forman parte integral de tu sistema de valores. Indica el grado en el que la oración representa tu forma de pensar. Sigue a tu instinto inicial al valorarlas. Los grados son los siguientes:

0 = Estoy en desacuerdo.
1 = Desacuerdo un poco.
2 = Estoy de acuerdo.
3 = Estoy totalmente de acuerdo.

1. Trato de ser neutral cuando veo el sistema de políticas de un cliente.
2. Si se discute información negativa sobre algunas personas en la organización, me niego a compartirla con ellas.

3. No permanezco callado cuando veo evidencia de discriminación de género o acoso sexual en la empresa de algún cliente.
4. Asisto a todas las reuniones que puedo de las organizaciones profesionales.
5. Cuando un director me pide mi opinión acerca de su efectividad, le doy mi punto de vista honesto.
6. Intento mantenerme neutral cuando tengo amigos dentro de la empresa.
7. No comparto información personal acerca de los empleados, sin importar de dónde la obtuve.
8. No participo en procesos organizacionales que resulten en que alguien pierda su trabajo.
9. Estoy dispuesto a discutir mis casos difíciles con mis compañeros de trabajo.

Método de puntuación: Escribe la puntuación que asignaste a las oraciones a este cuadro que muestra diferentes dimensiones de valores:

Dimensiones de valores	**Oraciones**	**Puntuación obtenida**
Objetividad e independencia	1	—
	6	—
	11	—
	16	—
		Total —
Confidencialidad	2	—
	7	—
	12	—
	17	—
		Total —
Justicia social	3	—
	8	—
	13	—
	18	—
		Total —
Desarrollo profesional	4	—
	9	—
	14	—

	19	—
	Total	—
Veracidad	5	—
	10	—
	15	—
	20	—
	Total	—

10. Si tengo dudas en cuanto a la efectividad de una intervención solicitada o propuesta, las comparto con los clientes.
11. Intento permanecer neutral cuando me encuentro en medio de necesidades emocionales contrarias entre los miembros de la compañía.
12. Nunca comparto información cuando prometo mantenerla en secreto.
13. No permanezco callado cuando veo evidencia de discriminación en contra de personas con habilidades diferentes en la compañía de algún cliente.
14. Antes de hacer una nueva intervención estudio la teoría que la respalda.
15. Cuando un cliente me pregunta sobe una intervención específica, le soy sincero y le digo si la he probado o no.
16. Insisto en hablar de temas delicados aunque hacerlo pueda poner en riesgo mi trabajo.
17. Si un director me pide que reúna información para ayudar a despedir a alguien, me niego a hacerlo.
18. No dudo en trabajar para un cliente cuyo producto o servicio es contrario a mi visión personal.
19. No guardo silencio cuando veo evidencia de racismo en la compañía de un cliente.
20. Revelo los riesgos de una intervención aunque crea que los beneficios potenciales sobrepasan por mucho a los riesgos.

Interpretación

Compara tu puntuación total de cada una de las dimensiones de valores. Mientras más alta sea tu puntuación en un valor en particular, más importante es para ti dicho valor. Esto puede ayudarte a entender tus prioridades a la hora de resolver conflictos éticos, en particular cuando tomas decisiones entre valores que son importantes para ti.

En caso de que tu puntuación sea muy baja en ciertos valores y muy alta en otros, intenta balancear tu sistema de valores al cultivar también a los demás.

El aura

En algún momento de la vida nos hemos sentido intrigados o asombrados por alguna personalidad fuerte. Sentimos una atracción o repulsión instintiva por alguien y no sabemos cuál es la razón. El exitoso orador, cantante o artista a quien conocemos por primera vez, parece tener una personalidad magnética —sin embargo, la repulsión y la atracción hablan de una armonía o discordia entre las *auras* de cada uno.

El aura es una sutil extensión de la personalidad, una emanación magnética generada por la fuerza etérea y otras fuerzas del ser o del objeto al que está conectada. El aura es capaz de dar y recibir impresiones, y a través de este medio hacemos contacto sicológico consciente, además de los sentidos físicos.

Aunque los intelectuales de occidente como el Dr. Coates, Paracelso y Van Helmont propagaron la teoría de un *Cuerpo Astral* y sostenían que alrededor del cuerpo físico se extiende una radiación invisible o "bola de fuego", no fue sino hasta el siglo dieciocho cuando comenzó el estudio científico moderno del aura. El año 1734 simbolizó el mesmerismo a través del nacimiento de Anton Mesmer, quien se convirtió en uno de los más fervientes estudiantes del ocultismo de cualquier periodo. El Dr. W.J.Kilner, médico en el Hospital St. Thomas en Londres, en su libro *La atmósfera humana*, anunció que había descubierto un método científico por medio del cual podía observarse y leerse la atmósfera humana o "Aura", lo cual marcó una nueva era para el Aura.

Con el uso de un visor áurico a través de una pantalla de diseño especial que excluye ciertos rayos de luz y hace visible los rayos ultravioleta, el Dr. Kilner estudió varios objetos que colocaba contra un fondo negro en una habitación con iluminación muy tenue. Descubrió que todo ser humano está rodeado de una débil niebla luminosa sin color que se extiende entre 45 y 60 cm hacia todas direcciones y tiene una forma más o menos ovalada. La forma y la claridad de esta niebla variaban día con día y parecía más débil y oscura debido a enfermedades. Un aura fuerte y positiva reaccionaba ante una débil y negativa de la misma manera en que una batería totalmente cargada reduce su carga si se conecta con otras más débiles. En contraste, un aura débil y gastada que indica menor vitalidad, actuaba como una esponja síquica o "vampiro" sobre las que estaban cerca y daba forma a su energía. Así, el aura humana toma parte de las cualidades esenciales de las fuerzas etéreas, astrales, mentales y espirituales del individuo. Esto explica por qué algunas personas son fuente de inspiración y poder personal que influye sobre todos los que se acercan a su esfera de influencia.

Otra dimensión interesante del estudio del aura es su color. El aura se vuelve más compleja y diversificada según el diferente papel de las emociones, pasiones y sentimientos que dan un tono de color concreto a las relaciones áuricas. Debido a que es la suma total de las fuerzas del pensamiento (etéreas, astrales, mentales y espirituales) del individuo, se expresa en diferentes vibraciones de color.

Perfiles de personalidad y colores del aura

Es interesante estudiar los perfiles de las personas con base en el color de su aura, algunos de ellos son:

Aura roja: El rojo es el símbolo de la vida, significa fuerza y vitalidad. La gente cuya aura tiene mucho color rojo tiene fuertes inclinaciones físicas, carácter y voluntad resueltos y, por lo general, un punto de vista materialista. Manifiesta una naturaleza muy cálida y cariñosa. El rojo también señala las más profundas de las pasiones humanas —amor pasional, valor, odio, venganza, etcétera.

Aura naranja: Comprende todos los tonos de naranja, desde un rojizo apagado que denota egoísmo y orgullo, hasta los tonos brillantes y claros de salud y vitalidad. El color naranja expresa la fuerza vital, la energía del sol.

Aura amarilla: A excepción de ciertos tonos oscuros o turbios, los tonos dorados indican cualidades del alma y fuerzas astrales-mentales. El amarillo simboliza pensamiento y concentración mental, muestra la presencia del intelecto, de optimismo y espiritualidad.

Aura verde: Con excepción del verde oliva y ciertos tonos oscuros, indica individualismo, energía y abastecimiento. Es la clave del ego. El rayo verde gobierna al crecimiento individual, como la semilla que crece. La gente que ha logrado tener prosperidad y éxito en la vida, invariablemente exhibe fuertes tintes de verde en su aura. El verde claro y brillante aparece en el aura de gente que es dinámica por naturaleza, versátil, juiciosa y adaptable.

Aura azul: El azul es el tono del cielo, representa inspiración, es el color espiritual. En China y Japón es considerado como el color de la fortuna. Indica una naturaleza artística y armoniosa y entendimiento espiritual. El azul brillante es indicador de autoconfianza. Las personas con el aura azul son amigos leales y tienen un carácter sincero.

Aura violeta: Es raro encontrarla y es el color más espiritual, de hecho, difícilmente pertenece al planeta tierra, pero en cuanto a la alta esfera de ser espiritual denota grandeza y valor. La gente admirable por su amor incondicional y sabiduría irradia hermosos tonos de color violeta. Los tonos más azules del color violeta son signo de idealismo trascendental.

Aura negra: En estricto sentido, el negro no es un color sino la negación del color, que desde tiempos antiguos se relaciona con actos oscuros y diabluras. Su presencia en el aura es siempre mala y cruel, indica odio, desarmonía y malos pensamientos de todo tipo.

Lectura del aura: Si tienes la suerte de percibir el aura y deseas desarrollar un visor para leer auras, puedes concentrar tu facultad perceptiva en otra persona, elige a alguien con quien estés en armonía. En una habitación tranquila coloca una cortina colgada en la pared opuesta a la ventana. Pide a la persona que se siente a unos 30 o 45 cm de la cortina, que la poca luz de la habitación caiga sobre él de manera uniforme.

Si es de día párate frente a la ventana y mira al cielo —no al sol— durante medio minuto; si es de noche mira al foco encendido durante el mismo tiempo. Con los ojos cerrados, siéntate relajado y esfuérzate por estar lo más tranquilo posible. Concéntrate mentalmente en la idea del aura sin forzar tu voluntad. Mira con tranquilidad al sujeto (la persona) y percibe la formación de cualquier tipo de niebla, luz o rayos en alguna parte de su cuerpo. No te desanimes si no logras ver nada. Se requiere paciencia y practicar regularmente para desarrollar la visión áurica, igual que cualquier otra forma de desarrollo físico. Los colores del aura no siempre se ven objetivamente, sino que se "sienten".

De esta manera, los misterios de lo oculto te permiten descubrir el carácter de una persona —sus pasiones, hábitos, ideas, aspiraciones, todo lo que constituye su existencia física, moral, intelectual e incluso biológica...es sorprendente, ¿verdad?

■♦■

¿Y si me despiden?

Tengo 50 años. Estuve trabajando como funcionario en una compañía hasta 1998 que se declaró en bancarrota. Hasta ese momento ganaba 2,500 pesos más comisiones al mes. Después no logré conseguir trabajo porque caí en depresión sino hasta marzo de 2000, a pesar de que hice mi mejor esfuerzo. Finalmente me vi forzado a aceptar un empleo por 1,000 pesos al mes. Con este sueldo no puedo mantener a mi familia y por ello me siento muy deprimido. Siento que pronto voy a enfermarme seriamente. Por favor ayúdeme.

Hari Ram Rawat
Ghaziabad

Un buscador de empleo recibió esta carta el 1 de febrero. Un reporte reciente de la Organización Internacional de Empleo predijo que para 2002 pueden desaparecer 300,000 mil puestos de trabajo en el sector bancario y financiero en Europa debido a las fusiones de las compañías. La falta de reglamentación, el boom de Internet y la incertidumbre de las operaciones tradicionales de fabricación y servicios llevarán a pérdidas de empleo, como en el reciente caso de la fusión de la compañía Stan Chart-Grindlay. La propagación de las compañías de Internet también se ha traducido en más pérdidas de empleo.

Entonces, si la situación va a continuar así en nombre de las reestructuraciones, ¿los empleados están sicológicamente preparados para soportar este trago amargo? Según los reportes, no. Por esta razón hay una apremiante necesidad de entender la disposición sicológica y mental para poder enfrentarse a la pérdida de un trabajo seguro.

Contesta el siguiente cuestionario para averiguar si estás preparado para enfrentar esa estresante situación. De las nueve oraciones siguientes elige la opción que tomarías de acuerdo con tus patrones cognitivos y de comportamiento.

1. a) Permites que un área de tu vida afecte a las demás al sentirte mal por perder tu trabajo y además comienzas a preocuparte de que tu matrimonio está en problemas y que tus hijos están fuera de control.
   b) Retas a tus pensamientos negativos al no permitirles que contaminen tu vida y te autosugestionas pensando "Por el momento no tengo trabajo, pero mi esposa y yo estamos unidos y mis hijos van bien en la escuela".
2. a) Ante la adversidad, te rindes y piensas "Ya no hay nada que pueda hacer".
   b) Actúas como si fueras un ganador, visualizas tu éxito y no eres de los que esperan fracasar, sino que te fijas el propósito de un empleo alternativo o alguna actividad emprendedora.
3. a) Tiendes a sentirte impotente, triste y deprimido, tu diálogo interior es "La gente ya no me valora".
   b) Celebras tu nueva libertad y aprendes con entusiasmo alguna habilidad especial que habías soñado dominar.
4. a) Prefieres encerrarte en tu cueva y te alejas de tu círculo social.
   b) Dedicas algo de tiempo a hacer servicio social para ayudar a la gente necesitada y menos afortunada que tú.
5. a) Prefieres perder el tiempo en la ociosidad y encerrarte en tus pensamientos negativos.
   b) Hablar con Dios para darte un descanso en el que obtengas calma interior (lejos del estrés y la tensión del ritmo de la rutina) y dedicar más tiempo para aumentar tu cociente espiritual a través de la meditación trascendental, la oración, estudio de las escrituras y pergaminos sagrados (se sabe que aminoran el impacto del estrés porque reducen las hormonas que lo producen —noradrenalina y adrenalina).

6. a) Adoptas una falsa sensación de libertad como comenzar tarde el día, vaguear y no tener un plan de acción.
   b) Das estructura a tu vida al llevar a cabo una rutina sana empezando el día con una caminata al aire libre, respirando desde el diafragma y haciendo ejercicios aeróbicos para disipar el estrés y la ansiedad, con el fin de planear un resto del día productivo.
7. a) Pierdes la perspectiva al dejarte llevar por temores y ansiedades sobre tu futuro, te imaginas que vienen tiempos difíciles y que no tienes mucho qué esperar.
   b) Cambia tu visión pesimista de la vida y tómala como se presenta, con humor y viendo el lado bueno de las cosas, piensa en cómo haría tu comediante favorito para ver esa situación que te estresa (enfoque de terapia cognitiva).
8. a) Combates el estrés bebiendo alcohol y consumiendo drogas.
   b) Comienzas un plan nutricional y utilizas tu tiempo en tareas que disfrutas como pasatiempos creativos —pintar, escribir, escuchar música, leer, etcétera.
9. a) Guardas tus sentimientos de estrés en tu interior y te aíslas del círculo social.
   b) Refuerzas tu autoestima durante este difícil periodo de tu vida buscando apoyo social a través de grupos como tus amigos o familia y alivias el estrés al obtener información y consejos de su parte sobre cómo planear mejor tu futuro.

Puntuación

Da un punto por cada vez que hayas elegido la respuesta "b" y súmalos para sacar un total.

Interpretación

Las investigaciones siquiátricas indican que las preocupaciones durante largos periodos roban mucha energía y requieren mucha resistencia. Pero puedes resolver los problemas de maneras más funcionales y sanas. No olvides que si la solución de algo está fuera de tu alcance, las preocupaciones son inútiles y sólo te hacen perder la perspectiva de las cosas. Pero si está dentro de tu control, haz algo. En cualquier caso, preocuparse sólo añade más estrés. Mide tu nivel de manejo de estrés con el siguiente análisis:

Puntuación total	**Nivel de manejo**
7 a 9	Excelente
4 a 6	Bueno
1 a 3	Malo

■◆■

¿A qué tipo pertenece tu compañía?

Las organizaciones en las que vivimos y trabajamos son creaciones humanas y están formadas por personas más que por edificios, equipos, maquinaria, etc. Son fundamentales para nuestro bienestar y productividad. La estructura, la tecnología y el ambiente de la organización influyen sobre la actividad humana, y están interrelacionadas de manera compleja. En un sentido son organismos vivos con culturas, cerebros y complejos sistemas que crean sus propios sistemas políticos, cambios, límites y papeles. Es esencial que entendamos la dinámica de una organización, así como su patrón, si queremos establecer una comunicación precisa dentro de ella y sacar el máximo provecho de sus recursos humanos.

Contesta "Sí" o "No" a cada una de las siguientes oraciones (modificadas del compendio de Manfred F.R., et. al.) que describen los diferentes patrones organizacionales del patrón A al E. Es un sondeo del tipo de organización en el que trabajas junto con sus debilidades, fortalezas y estrategias prescriptivas a seguir para fortalecerla.

Patrón A

1. ¿En la compañía, el poder está altamente centralizado en las manos del director?
2. ¿Existe una fuerte cultura organizacional en la que todos a nivel de dirección perciben las cosas de la misma manera?
3. ¿El director está sobrecargado de trabajo porque intenta hacerlo todo por sí mismo?

4. ¿El director toma decisiones rápidamente sin consultar con otras personas?
5. ¿Los aduladores son los que obtienen ascensos?
6. ¿La mayoría de la información fluye hacia abajo en lugar de hacia arriba, jerárquicamente hablando?

Patrón B

1. ¿Existe una atmósfera de sospecha y desconfianza en la compañía?
2. ¿Los directores culpan a los "enemigos" externos (reguladores, gobierno y la competencia) por los problemas de la organización?
3. ¿Hay "espías" organizacionales que informan a los directores de lo que sucede a niveles más bajos?
4. ¿Hay muchos secretos en cuanto a información de rendimiento, salarios, decisiones, etcétera?
5. ¿El presidente de la compañía siente que es acosado por ataques externos?
6. ¿Existe un fuerte énfasis en los sistemas de información para identificar incompetencias y señalar culpables?

Patrón C

1. ¿Existe un "vacío de liderazgo" dentro de la organización?
2. ¿El jefe está demasiado ocupado con asuntos externos como para ocuparse de la organización y sus negocios?
3. ¿A menudo se dan luchas políticas internas?
4. ¿La organización está dividida erróneamente y hay desacuerdo entre las diferentes áreas o divisiones?
5. ¿Las decisiones se retrasan por periodos prolongados debido a altercados?
6. ¿Las estrategias están mal establecidas, es decir, que vacilan entre varios enfoques para que el gerente salga beneficiado?

Puntuación

Determina qué patrón obtuvo el mayor número de respuestas afirmativas. Si sólo contestaste "Sí" a una o dos preguntas dentro del mismo patrón es probable que no *estés trabajando* en ese tipo de organización. Sin embargo, si contestaste "Sí" a la mitad o más a las preguntas dentro de un mismo patrón es probable que trabajes dentro de ese tipo de organización.

Interpretación

Patrón A: "La organización dramática"
Características

- Tiene un fuerte líder idealizado por sus subordinados.
- Tiene un fuerte líder que es catalizador de la moral y la iniciativa de sus subordinados.
- Exhibe una política muy centralizada (en manos de un líder impulsivo e hiperactivo).

Fortalezas

- Capaz de crear el ímpetu necesario para llevar a la compañía durante la fase de inicio.
- Tiene la capacidad de emerger de las dificultades y de continuar avanzando.
- Tiene ideas para revitalizar a la organización.

Debilidades

- Carece de una estrategia consistente.
- Algunas veces carece de los controles necesarios.
- Tiende a evitar consultar con u obtener retroalimentación de los niveles inferiores.

Prescripciones

- Plantar ambos pies firmemente sobre la tierra.
- Distribuir la autoridad —autorizar, delegar.
- Agudizar el objetivo —deshacerse de proposiciones sin sentido.

Patrón B: "La organización desconfiada"
Características

- Tiene una cultura de lucha.
- Carece de confianza —el énfasis está en la intimidación y la uniformidad.
- Es reactiva, conservadora, analítica, reservada.

Fortalezas

- Muestra conocimiento de los eventos dentro y fuera de la organización.
- Evita depender de un solo segmento de mercado o cliente.
- Proporciona oportunidades positivas de crecimiento y diversificación.

Debilidades

- Carece de una estrategia de dirección consistente y concertada, tendencia al conformismo.
- Tiene una atmósfera reactiva, en pedazos, contradictoria y desconfiada.
- Experimenta gran rotación de personal debido a inseguridad y desencanto.

Prescripción

- Desarrollar una estrategia uniforme y una sensación de misión.
- Fomentar la confianza y eliminar las barreras de comunicación.
- Analizar el sistema de política.
- Establecer una cultura de participación.
- Crear distintas competencias.
- Dar seguimiento a estrategias

Patrón C: "La organización distanciada"
Carece de calidez y sentimientos.

- Se involucra en la búsqueda de poder —muchos conflictos e inseguridades.

- Demuestra un pensamiento estratégico dominado por perspectivas de indecisión, inconsistencia y estrechez.

Fortalezas

- Tiene gerentes que desempeñan un papel activo.
- Comparte una variedad de puntos de vista al formular estrategias.
- Los directores toman la iniciativa de manera individual.

Debilidades

- Falta de liderazgo.
- Exhibe estrategias inconsistentes o vacilantes.
- Toma las decisiones por negociaciones políticas más que basándose en los hechos.

Prescripción

- Considerar el todo.
- Encontrar a un director ejecutivo dispuesto a proporcionar liderazgo activo.
- Recompensar el funcionamiento organizacional.
- Crear competencias distintivas.
- Establecer comités activos de coordinación.

■♦■

Confía en mí, sé trabajar en equipo

(Tu perfil de orientación de confianza)

La creación de equipos a través de la creación de confianza es una prioridad para las organizaciones de hoy en día. Gran parte de nuestras investigaciones intelectuales y científicas, así como las normas éticas del comportamiento humano, son regidas por la confianza. No obstante, si observamos la historia del pensamiento humano, desde la duda radical de Descartes hasta el nihilismo de la filosofía moderna, descubrimos que esta actitud humana fundamental es un artículo poco común. La confianza no se da de manera natural; tenemos que quererla y trabajar para obtenerla.

Aunque es la base de las relaciones humanas es difícil obtener confianza. Crece de manera lenta. La tarea se hace más difícil puesto que los seres humanos son de naturaleza finita y están limitados por el espacio, el tiempo y la energía. Establecer confianza requiere tiempo, presencia física y energía humana. A medida que crece la confianza se debilitan las barreras que impiden la honestidad y la franqueza. La gente se vuelve más expresiva, impulsiva, franca y espontánea. Eliminan el conflicto y la confrontación para obtener una comunicación más profunda e involucrarse y comprometerse más. Se reducen la congestión y el bloqueo. La toma de decisiones se vuelve más sencilla y efectiva. Estos principios aplican tanto a los equipos de trabajo como a otras relaciones interpersonales.

Responde el siguiente cuestionario para medir tu perfil de orientación de confianza. Cada par de oraciones del cuestionario representa una característica específica de la confianza, la cual se incluye en la lista de puntuación en cuanto a las características de Confianza/ Desconfianza. Interpreta tu puntuación y descubre si tu perfil de confianza es positivo o negativo.

Puntuación

Asigna cinco puntos entre las alternativas A y B de cada número. Basa tus respuestas en la manera en que te comportas, cómo sientes o cómo percibes la situación, no en la forma en que crees que deberías responder. Aunque algunas alternativas parezcan similares, da más puntos a la alternativa que se acerque más a tu experiencia personal.

1. Si A te describe a ti o a tu punto de vista y B no va de acuerdo contigo, escribe 5 junto a A y 0 junto a B.
2. Si A es considerablemente característica de ti y B es algo característica, escribe 4 en A y 1 en B.
3. Si A es un poquito más característica de ti que B, escribe 3 en A y 2 en B.
4. Cada una de las tres combinaciones anteriores puede ser al revés. Si sientes que B es un poco más característica de ti que A, escribe 2 en A y 3 en B y así sucesivamente.
5. Asegúrate de que los números que escribas en cada par de opciones den un total de 5.

Cuestionario

1. a) Mis compañeros de trabajo tienen todo el conocimiento y la experiencia que necesitan para hacer bien su trabajo.
   b) Mis compañeros de trabajo carecen del conocimiento y/o la experiencia que necesitan para hacer bien su trabajo.

2. a) No puedo predecir la manera en que mis compañeros responderán en una situación dada.
   b) Puedo predecir la manera en que mis compañeros responderán en una situación dada.

3. a) Comparto mis sentimientos y pensamientos verdaderos con mis compañeros.
   b) Me guardo mis sentimientos y pensamientos verdaderos.
4. a) Confío en mis compañeros, creo que no me defraudarán.
   b) Prefiero "ir a lo seguro" y sólo confío en mí mismo, así nadie puede defraudarme.
5. a) Aliento a mis compañeros a que hablen sobre sus pensamientos y sentimientos.
   b) Prefiero no escuchar las expresiones de mis compañeros sobre sus pensamientos y sentimientos.
6. a) Cuando estoy en un problema sé que puedo contar con la ayuda de mis compañeros.
   b) Cuando estoy en un problema sólo puedo confiar en mi mismo.
7. a) Mis habilidades son superiores a las de mis compañeros.
   b) Mis compañeros y yo tenemos el mismo nivel de competencia.
8. a) Mis compañeros y yo cooperamos entre nosotros.
   b) Mis compañeros y yo competimos entre nosotros.
9. a) Mis compañeros se comportan como si creyeran que son mejores que yo.
   b) Mis compañeros me tratan como igual.
10. a) Puedo contar con mis compañeros para cumplir con las fechas límite y los estándares de rendimiento establecidos para el trabajo.
    b) No puedo contar con mis compañeros para cumplir con las fechas límite y los estándares de rendimiento establecidos para el trabajo.
11. a) Cuando hay algún problema busco la mejor solución y comparto la idea con mis compañeros de trabajo.

b) Cuando hay algún problema colaboro con mis compañeros para definir el problema, explorar alternativas y llegar a una solución.

12. a) Mi equipo muestra calidez, aceptación y no es hostil.
    b) Hay hostilidad en mi equipo.

13. a) Me pregunto si mis compañeros aprecian mi trabajo, algunas veces pienso que cuestionan el valor de mis contribuciones.
    b) Sé que mis compañeros se preocupan por mi bienestar, son justos y respetan mis contribuciones únicas.

14. a) Prefiero mis propias soluciones para los problemas.
    b) Estoy dispuesto a aceptar las soluciones que proponen mis compañeros.

15. a) No importa lo que comparta con mis compañeros de trabajo, no son críticos.
    b) Tengo cuidado sobre lo que comparto con mis compañeros de trabajo porque pueden juzgarme duramente.

16. a) La palabra "compromiso" no significa gran cosa para mis compañeros.
    b) Puedo confiar en que mis compañeros se guiarán por sus propios compromisos.

Tabla para calificar las oraciones en cuanto a las características de Confianza/ Desconfianza.

Oración Núm.	Característica	Confianza	Desconfianza
1.	Experto vs. Inexperto	A	B
2.	Confiable vs. Caprichoso	B	A
3.	Abierto vs. Cerrado	A	B
4.	Disposición para tomar riesgos vs. Falta de disposición para tomar riesgos	A	B
5.	Abierto vs. Cerrado	A	B
6.	Cooperador vs. Competitivo	A	B
7.	Mutuo vs. Superior	B	A
8.	Cooperador vs. Competitivo	A	B
9.	Mutuo vs. Superior	B	A
10.	Confiable vs. No confiable	B	A
11. y 14.	Mente abierta ante problemas vs. Apegado a soluciones predeterminadas	B A	B A
12. y 15.	Aceptación y calidez vs. Rechazo y frialdad	A B	A B
13.	Respetuoso vs. Falta de respeto	B	A
16.	Genuino vs. Hipócrita	B	B

Interpretación

Coloca tu puntuación de la tabla de puntuación en las líneas siguientes para calcular la puntuación de tu orientación de confianza.

Puntuación total de confianza= +

Puntuación total de desconfianza= -

Orientación de confianza=

Coloca tu puntuación de orientación de confianza en la siguiente serie.

-40 o más ____ - 30____ - 20____ - 10____ 0 ____ +10____ + 20____ + 30____ +40 o más-Desconfianza

Confianza

Las diferentes dimensiones descritas en la tabla de puntuación sobre las actitudes para crear confianza o desconfianza son ciertas en las relaciones entre dos personas y entre los miembros del grupo. En caso de que obtengas un perfil negativo y te veas en la necesidad de fomentar actitudes que den confianza deberás tomar ciertas medidas para remediarlo. No olvides que la confianza debe alimentarse y mantenerse si deseas disfrutar de tus relaciones interpersonales y lograr tus objetivos. Crear confianza requiere mucho esfuerzo, tiempo y energía, y también implica riesgo. Para que la confianza sea más profunda, cada persona debe ser confiable y continuar ganándose el derecho a que confíen en ella. Debe fomentarse el trabajo en equipo. Cada vez más, las soluciones saldrán como resultado de las acciones de colaboración del grupo de individuos que tienen diferentes motivos pero que pueden enfocarse en un solo objetivo. La capacidad de trabajar bien juntos florece en una atmósfera de confianza. Formar equipos a través de crear confianza es una tarea crucial para las compañías hoy en día. Tu perfil de orientación de confianza es un prerrequisito y una herramienta para el desarrollo y la creación de equipos de tu organización.

■♦■

Por tu cuenta

(¿Eres un empresario?)

Con las crecientes oportunidades de educación que representan una promesa de movilidad ocupacional y la diversidad de oportunidades de empleo como resultado de la industrialización y la urbanización, está emergiendo rápidamente un nuevo ambiente socioeconómico que contribuye al espíritu empresarial. El espíritu empresarial se refiere a la tendencia general a establecer nuevas empresas en una sociedad. Un empresario es innovador, tiene necesidad de correr riesgos ante la incertidumbre y es intuitivo. La emergencia de empresarios en una sociedad depende de factores económicos, sociales, culturales y sicológicos íntimamente relacionados.

Los investigadores sugieren que los motivos, las actitudes y las habilidades necesarias para la actividad empresarial no necesariamente son las mismas que se requieren para ser un gerente exitoso. Un gerente empresario no requiere de mucha excelencia pero sí de la capacidad de influir y dirigir a los demás. Las investigaciones de Mc Clelland y Burnham revelan que un gerente empresario debe tener una gran necesidad de influir sobre otras personas (necesidad de poder) y poca necesidad de establecer relaciones emocionales (baja necesidad de afiliación) y gran capacidad para disciplinarse a sí mismo (inhibición).

La motivación empresarial, sensación de eficiencia, correr riesgos moderados, apertura para la retroalimentación y aprender de la experiencia, necesidad de independencia, desear tener éxito y relaciones de autoridad flexible son otros de los factores sicológicos cruciales para un gerente empresarial.

Tradicionalmente, se creía que el espíritu empresarial era una cualidad nata, que los empresarios nacían, no se hacían. Pero recientes investigaciones y experimentos para promover el espíritu empresarial han demostrado que puede planearse y desarrollarse por medio de la creación de oportunidades, el abastecimiento de instalaciones, dar incentivos y el estudio del factor humano, es decir, el individuo, que responde a estas oportunidades externas.

En la India, más de seiscientas organizaciones/instituciones están involucradas directamente en la propagación, el desarrollo, la promoción y la conducción de Programas de Desarrollo Empresarial. El entrenamiento ha sido el componente más importante de todos estos programas. Las instituciones nacionales indias como NIESBUD, en Nueva Delhi y EDII llevan a cabo Programas de Acreditación para entrenar a Entrenadores de Motivación Empresarial.

Se ha descubierto que los individuos con un mayor nivel empresarial interior poseen más locus de control para llevar a cabo actividades empresariales en comparación con quienes poseen una orientación más externa de locus de control. El siguiente cuestionario está basado en los entrenamientos del NIESBUD y mide tu propia orientación hacia la actividad empresarial.

Puntuación

Hay diez pares de oraciones. En cada par puedes estar más de acuerdo con una oración que con otra. Sólo marca la oración a) o b) con la que estés más de acuerdo de cada par.

1. a) El que un vendedor sea capaz de vender su producto depende de qué tan efectiva sea la competencia.
   b) No importa qué tan buena sea la competencia, un vendedor efectivo siempre será capaz de vender su producto.

2. a) Los empresarios capaces creen en planear de antemano sus actividades.

b) No hay necesidad de planear de antemano puesto que, no importa qué tan emprendedor sea uno, siempre hay factores de oportunidad que influyen en el éxito.

3. a) El que una persona se vuelva un empresario exitoso depende de las condiciones sociales y económicas.
   b) Los verdaderos empresarios siempre pueden ser exitosos, independientemente de las condiciones sociales o económicas.

4. a) Los empresarios fallan debido a su propia falta de habilidad y discernimiento.
   b) Los empresarios están destinados a fracasar la mitad de las veces puesto que su éxito o fracaso depende de un número de factores que sale de su control.

5. a) A menudo, los empresarios son víctimas de fuerzas que no pueden entender o controlar.
   b) Si se involucran en cuestiones políticas, sociales y económicas, los empresarios pueden controlar los eventos que afectan a su negocio.

6. a) A la hora de comprar materia prima u otras cosas, siempre es mejor reunir mucha información de diferentes fuentes y después tomar una decisión.
   b) No tiene caso reunir mucha información porque a la larga, mientras más pagas, mejor es el producto.

7. a) Hoy en día, la gente debe depender siempre del apoyo, ayuda y clemencia de los demás (agencias gubernamentales, burocracia, bancos, etcétera).
   b) Es posible generar el ingreso propio sin depender de la burocracia. Lo que se requiere es un talento natural para tratar a la gente.

8. a) La situación actual del mercado es impredecible. Incluso los empresarios perceptivos titubean a menudo.
   b) Cuando la predicción de un empresario sobre la situación del mercado es errónea, la persona sólo puede culparse a sí misma por interpretar mal.

9. a) Existen muchos eventos fuera del control de los empresarios.
   b) Los empresarios son los creadores de sus propias experiencias.

10. a) La efectividad organizacional puede lograrse si se emplea a personas competitivas y efectivas.
    b) No importa cuán competentes sean los empleados de la compañía, si los factores socioeconómicos no son favorables, la organización tendrá problemas.

Interpretación

1 b; 2 a; 3 b; 4 a; 5 b; 6 a; 7 b; 8 b; 9 b; 10 a denota un locus de control interno y gran orientación empresarial.

■◆■

Tu estilo de vida influye sobre el resultado de tu trabajo

La orientación del estilo de vida de los empleados está cobrando importancia rápidamente a nivel organizacional. La gente de la generación actual no responde a las mismas recompensas e incentivos de las generaciones anteriores. A la hora de decidir entrar en una compañía en particular, los empleados dan más importancia a la compatibilidad de la empresa con su estilo de vida predominante.

En investigaciones profundas sobre ejecutivos exitosos (movimiento rápido ascendente) y menos exitosos en compañías conocidas se ha identificado un número de factores asociados con el éxito y fracaso en la carrera. De la agrupación de estos factores emergieron dos patrones distintos. El asociado con el éxito en la profesión o en el trabajo se llama "estilo creciente" y el otro, asociado con el éxito, se llama "estilo envolvente".

Estilo creciente

El estilo de vida creciente está orientado hacia la innovación de metas, al cambio y al crecimiento. La persona se aleja de la tradición y enfoca su énfasis en la adaptación, el autodesarrollo y la extensión de la influencia hacia fuera, a la esfera laboral y de la comunidad. Busca responsabilidad en el trabajo y es muy probable que busque y logre un puesto importante en la compañía. Hace énfasis en las actividades de autodesarrollo. Se debilitan los lazos religiosos y de grupos puesto que los crecientes descubren que sus valores han cambiado tan dramáticamente que su profesión y su autodesarrollo tienden a ser las prioridades de su vida.

Estilo envolvente

El estilo envolvente está orientado a los objetivos de tradición, estabilidad y fortaleza interior. Son atraídos hacia esferas familiares como lazos con los padres y buscan mantener una relación con los amigos de la infancia, cuando es posible.

Les molesta tener que abandonar el área en la que crecieron aunque ello implique un avance en su profesión. Les gusta comprometerse en una búsqueda y llevarla a cabo hasta el final, y obtienen gran satisfacción por un trabajo bien hecho.

El envolvente crea fuertes lazos con un pequeño círculo de amigos y gran parte de su vida social la hace con parientes. La consideración del estatus algunas veces les incomoda y valoran la informalidad, la sinceridad y la honestidad en las relaciones humanas más que un estatus alto.

¿Te da curiosidad saber a que categoría de estilo perteneces? Responde al siguiente cuestionario basado en las investigaciones de Bray, Campbell y Grant, y haz un poco de ejercicio mental para descubrir tu estilo de vida predominante.

Instrucciones para la parte A

Reflexiona cuánto tiempo y energía inviertes en cada actividad de la lista. Después compara ese tiempo y energía con el tiempo y energía que creas que otros miembros de tu grupo (profesión, trabajo, etcétera) invierten en la misma actividad. Es posible que no sepas con exactitud la cantidad de tiempo y energía que invierten los demás, pero lo que importa en este cuestionario es tu percepción. Entonces, encierra en un círculo el número que esté de acuerdo contigo de la siguiente manera:

Encierra en un círculo el 1 si: Inviertes mucho menos tiempo y energía que el promedio de tu grupo (es decir, tu cantidad de tiempo y energía están entre el 5% mínimo).

Encierra en un círculo el 2 si: Inviertes un poco menos tiempo que el promedio de tu grupo (es decir, tu cantidad de tiempo es mayor que el 5% mínimo pero todavía es menor que el 20% mínimo).

Encierra en un círculo el 3 si: Inviertes el mismo tiempo y energía que el promedio del grupo (es decir, tu cantidad de tiempo está entre el 60% medio)

Encierra en un círculo el 4 si: Inviertes un poco más de tiempo y energía que el promedio de tu grupo (es decir, tu cantidad está dentro del 20% superior pero aún es menor que el 5% máximo).

Encierra en un círculo el 5 si: Inviertes mucho más tiempo y energía que el promedio de tu grupo (es decir, tu cantidad está entre el 5% máximo).

Actividad	**5% Inferior**	**5%-20% Superior**	**5% - 20% Inferior**	60% Medio	20% Superior
1. Leer para aumentar el conocimiento.	1	2	3	4	5
2. Estar con tu cónyuge e hijos.	1	2	3	4	5
3. Hacer ejercicio para mejorar tu condición física (nadar, caminar, etcétera)	1	2	3	4	5
4. Asistir a cursos de autodesarrollo.	1	2	3	4	5
5. Involucrarte en actividades religiosas.	1	2	3	4	5
6. Involucrarte en búsquedas o actividades espirituales.	1	2	3	4	5
7. Adquirir bienes financieros (acciones, bienes raíces, etcétera).	1	2	3	4	5
8. Lidiar con problemas/ cuestiones de los miembros de tu familia.	1	2	3	4	5
9. Contactar y reunirte con amigos y socios.	1	2	3	4	5

10. Involucrarte en actividades de ocio (pasatiempos, deportes, etcétera).	1	2	3	4	5
11. Socializar (en fiestas, clubes, con pequeños grupos, etcétera).	1	2	3	4	5
12. Unirte a asociaciones, sociedades o actividades profesionales.	1	2	3	4	5
13. Contribuir al servicio a la comunidad.	1	2	3	4	5
14. Encontrar y llevar a cabo nuevas formas de aumentar la eficiencia, el compromiso de los empleados, etcétera.	1	2	3	4	5

Instrucciones para la parte B:

La parte B representa 6 pares de temas. Observa cada par y decide cuál de los dos es más importante para ti. Encierra en un círculo el número que mejor se aplique a ti:

Encierra el 1 si: "a" es mucho más importante para ti que "b".

Encierra el 2 si: "a" es un poco más importante para ti que "b".

Encierra el 3 si: "a" y "b" son igual de importantes para ti.

Encierra el 4 si: "b" es un poco más importante para ti que "a".

Encierra el 5 si: "b" es mucho más importante para ti que "a".

Temas	"a" Mucho más import.	"b" Un poco más import.	Un poco más import.	"a" Igual de import.	"b" Mucho más import.
1 a. Demandas de trabajo	1	2	3	4	5
1 b. Demandas por parte de miembros de la familia.	1	2	3	4	5
2 a. Preocupación por satisfacción en el trabajo.	1	2	3	4	5
2 b. Preocupación por beneficios laborales y otras ventajas.	1	2	3	4	5
3 a. Preocupación por tu familia.	1	2	3	4	5
3 b. Preocupación por ascensos rápidos.	1	2	3	4	5
4 a. Trabajo en tu ciudad natal o en otro lugar que quieras.	1	2	3	4	5
4 b. Trabajo desafiante e interesante.	1	2	3	4	5
5 a. Involucrarte en una organización de servicio profesional o comunitario.	1	2	3	4	5
5 b. Pasar tiempo con padres, parientes o amigos.	1	2	3	4	5
6 a. Continuar y concentrarte en un trabajo durante mucho tiempo.	1	2	3	4	5
6 b. Buscar trabajo y obtener uno que te de mejores oportunidades profesionales a futuro.	1	2	3	4	5

Interpretación

Coloca el valor de los números que encerraste en un círculo en el cuestionario de orientación de vida en los espacios siguientes. Para determinar tu puntuación suma cada columna. Resta 10 a cada total y multiplica el resultado por 2.5.

La puntuación mayor al 50% de cada estilo indica una tendencia hacia ese estilo; mientras más alto sea el porcentaje, es mayor la probabilidad de que ese estilo se adecue a ti.

Estilo Creciente	Tu puntuación	Estilo Envolvente	Tu puntuación
1 a.		2 a.	
3 a.		5 a.	
4 a.		6 a.	
7 a.		8 a.	
12 a.		9 a.	
13 a.		10 a.	
14 a.		11 a.	
2 b.		1 b.	
4 b.		3 b.	
6 b.		5 b.	
Total _______			Total _______

Puntuación total Creciente ________ 10= ____________ x2.5= ________ %

Puntuación total Envolvente ________10=____________ x2.5= ________ %

■♦■

¿Tienes el potencial para reinventarte?

Todos nacemos con una enorme cantidad de energía latente, aunque sólo algunos son capaces de utilizarla, dice Aparna Chattopadhyay.

Introspección

"Un ser humano tiene muchas capas de piel que cubren las profundidades de su corazón", escribió Meister Eckhart, y olvidó mencionar que entre dichas capas se encuentra una enorme reserva de energía latente que espera a ser liberada. Aprender este mantra para alcanzar el éxito es un trabajo difícil pero bien remunerado. No es de extrañar que las compañías multinacionales inviertan grandes cantidades de dinero en la "re-invención" de sus empleados para sacar lo mejor de su fuerza de trabajo. Un factor común en la investigación organizacional es que los empleados tienden a realizar actividades innecesarias que agotan su energía. Contesta el siguiente cuestionario para determinar si tienes la energía para actualizar tu potencial. Responde a cada pregunta con "sí" o "no".

¿A menudo:

1. Guardas silencio y sólo hablas cuando es necesario?
2. Hablas con un lenguaje simple y fácil de entender?
3. Tomas descansos frecuentes durante un día de trabajo?
4. Tomas siestas regularmente en las tardes?
5. Entrenas tu voluntad al visualizar el éxito?
6. Permaneces positivo ante los problemas?
7. Ves a los ojos a tu interlocutor mientras hablas?

8. Evitas forzar tus ojos innecesariamente?
9. Tomas clases de Reiki, meditación y te programas con autosugestiones como "sólo por este día no tendré miedo ni preocupaciones": "sólo por el día de hoy no me enojaré"; etcétera?
10. Eliminas la tensión mental al respirar conscientemente y ser consciente de tu cuerpo?
11. Eres proactivo en lugar de esperar a que cambien las circunstancias?
12. Visualizas tus metas antes de emprender una tarea?
13. Clasificas tu trabajo por prioridades, poniendo primero las cosas importantes?
14. Piensas positivo la mayor parte del tiempo?
15. Intentas ser un buen escucha?
16. Practicas la escuela del pensamiento Gestalt al creer que el todo es mayor que las partes, de manera que los recursos deben ser coordinados?
17. Renuevas tu energía con ejercicios de relajación?
18. Tratas de no darle vuelta a los problemas y más bien te concentras en el trabajo constructivo?
19. Evitas autorreprocharte?
20. Evitas las prisas y tratas de recuperar tu calma inicial?

Puntuación

Da un punto para cada **"sí"** como respuesta.

Interpretación

De 15 a 20: Excelente. Conoces el arte de sacar provecho de tu potencial. Te fortaleces con Inteligencia Emocional y no permites que los asuntos externos perturben tu armonía. Esto te beneficia con bienestar mental.

De 8 a 14: La diferencia entre tú y el resultado Excelente es la misma que existe entre una flor y un botón. Tienes que florecer.

De 1 a 7: Estás encerrado en tu concha. Reflexiona para aprovechar todo tu potencial.

Tu tipo de personalidad ocupacional

Todos nos enfrentamos al reto de elegir una profesión compatible y encontrar un trabajo que aproveche nuestro talento de manera efectiva. En el proceso de decidir una profesión hay algunas dificultades que debemos sortear. Muchos eligen su profesión principalmente por la primera oportunidad de trabajo que encontraron. La gente que cae en esta trampa a veces descubre arrepentida que podría haber sido más feliz o más exitosa en otro tipo de empleo. Otro obstáculo es la elección del trabajo según sus trampas externas, como dinero, prestigio, poder o seguridad. A la larga es mejor elegir una actividad laboral que se pueda disfrutar, siempre y cuando la recompensa financiera sea adecuada. Responde al siguiente cuestionario para identificar qué tipo de ocupación es mejor para tu tipo de personalidad y determina qué profesión es compatible contigo para que obtengas satisfacción en el trabajo y éxito en la vida.

A continuación hay seis modelos arquetípicos de los tipos de personalidad. Primero determina el tipo de personalidad que mejor te describe. Después busca la profesión adecuada en las respuestas que se dan al final.

A. **El tipo realista:** Posees habilidades y coordinación motoras pero careces de habilidades verbales e interpersonales; te sientes algo incómodo en escenarios sociales; percibes tu inclinación a la mecánica; prefieres problemas concretos a los abstractos; tienes metas políticas y económicas convencionales; rara vez participas creativamente en las artes o las ciencias y te gusta construir cosas con distintas herramientas.

B. **El tipo investigador:** Posees una fuerte orientación científica; por lo general te guías por tus tareas, eres introspectivo y antisocial; prefieres considerar muy bien lo que harás antes de ocasionar un problema; tienes una fuerte necesidad de entender el mundo físico; disfrutas de las tareas ambiguas; prefieres trabajar de manera independiente; percibes que te faltan habilidades de persuasión pero confías en tu capacidad intelectual; tienes valores y actitudes no convencionales.

C. **El tipo artístico:** Prefieres situaciones no estructuradas que te den una máxima oportunidad para la autoexpresión; eres introspectivo y antisocial pero tu ego no es tan fuerte; tienes necesidad de expresarte de manera individual; gran tendencia al comportamiento impulsivo; eres creativo, en especial en el medio artístico y musical; evitas los problemas muy estructurados o las habilidades físicas; te consideras original, intuitivo, creativo, no conformista, introspectivo e independiente.

D. **El tipo empresario:** Posees capacidad verbal adecuada para la venta; eres dominante y un líder fuerte; tienes una fuerte iniciativa para lograr metas organizacionales o económicas; tienes tendencia a evitar situaciones laborales que requieran largos periodos de esfuerzo intelectual; prefieres las tareas sociales ambiguas; te preocupas por el poder, el estatus y el liderazgo; te consideras agresivo, popular, alegre, sociable y confías en ti mismo; tienes un alto nivel de energía.

E. **El tipo social:** Eres sociable, responsable, humanista y algunas veces religioso; disfrutas trabajar en grupos; posees habilidades verbales e interpersonales; evitas resolver problemas intelectuales, esfuerzos físicos excesivos y las actividades sociales demasiado organizadas; prefieres resolver los problemas a través de los sentimientos y la manipulación interpersonal de los demás; disfrutas actividades que impliquen informar, curar, desarrollar o iluminar a otros; te consideras comprensivo, idealista y útil.

F. **El tipo convencional:** Prefieres ambientes bien organizados; te inclinas por las actividades verbales y numéricas sistemáticas; te gusta desempeñar roles adaptables y subordinados; eres bueno en tareas bien estructuradas; evitas situaciones ambiguas que impliquen involucrarte en relaciones interpersonales o habilidades físicas; eres obediente, tranquilo, ordenado y práctico; te identificas con el poder, posesiones materiales y estatus.

Respuestas

Tipo de personalidad	Profesiones adecuadas
A.	Especialista en pesca y vida salvaje, diseñador de herramientas, mecánico, ingeniero, electricista y operador de grúas.
B.	Astrónomo, biólogo, químico, escritor técnico, zoólogo y sicólogo.
C.	Artista, autor, compositor, escritor, músico, director de escena y director de sinfonías.
D.	Ejecutivo de negocios, director de campañas políticas, venta de bienes raíces, venta de acciones y garantías, productor de televisión y mercadeo al por menor.
E.	Trabajador social, misionero, profesor de secundaria, consejero matrimonial y terapeuta del lenguaje.
F.	Examinador bancario, librero, trabajador clerical, analista financiero, experto en control de calidad, estadista y director de tráfico.

■◆■

Tu sicología de trabajo

La importancia de los factores de personalidad en el análisis del comportamiento de los empleados ha sido reconocida desde hace mucho tiempo por los investigadores de la Sicología del Trabajo. Los factores de personalidad tienen una conexión directa con la motivación laboral, el fortalecimiento y el logro de metas de los empelados y tienden a fortalecer o afectar el progreso individual en la compañía. Los sicólogos organizacionales enfatizan el papel de los factores internos (personales) y de los factores externos (situacionales) a la hora de determinar el resultado del trabajo del empleado. El primero trata de la manera en que el empleado percibe lo que sucede en la empresa. Un empleado con "orientación interna" cree que su futuro está controlado desde adentro. Representa la autoconfianza en la habilidad de la persona para controlar lo que le sucede en una organización. Por el contrario, un empleado con "orientación externa-otros" cree que su futuro está controlado por los poderosos.

Otra categoría de empleados con orientación de posibilidades externas cree que su futuro está controlado principalmente por la suerte o la probabilidad. Estas personas no logran utilizar su propio potencial para intentar alcanzar sus metas.

Las investigaciones organizacionales revelan que la orientación interna de una persona tiene una importante relación positiva con su nivel de motivación en su comportamiento dentro del trabajo, lo cual es un prerrequisito para el éxito en las organizaciones.

El siguiente cuestionario mide la orientación de los empleados con respecto a su locus de control interno frente al externo y su actitud hacia la organización para la que trabajan.

Responde con "Sí" o "No" a las siguientes oraciones.

1. Mi éxito o fracaso dependen de la cantidad de esfuerzo que realice.
2. La empresa a la que se incorpora una persona o el trabajo que comienza es una circunstancia accidental.
3. Ser agradable para los jefes o dejar buenas impresiones en ellos influye sobre las decisiones de ascensos.
4. La conclusión exitosa de la tarea que me asignaron se debe a mi planeación detallada y trabajo arduo.
5. El hecho de que los demás en la empresa me acepten es cuestión de suerte.
6. Las preferencias de los directores determinan a quién se recompensará dentro de la empresa.
7. Cualquier promoción que me den en esta organización será gracias a mi habilidad y esfuerzo.
8. El éxito de una persona depende de las ayudas u obstáculos que reciba.
9. Recibir un ascenso depende de estar en el momento adecuado en el lugar correcto.
10. Mi profesión depende de los directores.
11. Mi éxito depende de mi competencia y trabajo arduo.
12. En esta organización, los grupos de presión son más poderosos que los empleados individuales y controlan más aspectos que los individuales.
13. Las personas importantes controlan los asuntos en esta compañía.
14. La forma en la que trabajo determina si recibo premios o no.
15. Si no agrado a los directores, no tendré éxito en la organización.

Puntuación

Da un punto por cada **"sí"** como respuesta. Suma el total de tus respuestas para cada una de las siguientes columnas.

Columna A		Columna B		Columna C	
Oración No.	Puntuación	Oración No.	Puntuación	Oración No.	Puntuación
1.		3.		2.	
4.		6.		5.	
7.		10.		8.	
11.		13.		9.	
14.		15.		12.	
Puntuación total:		Puntuación total:		Puntuación total:	

Interpretación

Elige la columna que tenga la más alta puntuación.

A. Si la puntuación más alta corresponde a la columna A eres una persona con "orientación interna" y crees que tu futuro está controlado desde adentro, lo cual denota una fuerte tendencia al interior. Tienes un alto nivel de autoconfianza y posees la habilidad de controlar tu mundo externo y el ambiente de tu organización. Tienes fuertes convicciones de autoestima y confianza en tus propias habilidades, y es muy posible que las uses de manera efectiva.

B. Si la puntuación más alta corresponde a la columna B significa que tu orientación es "externa-otros" y crees que tu futuro está controlado por las personas poderosas de tu organización. Una puntuación muy alta indica dependencia disfuncional en otras personas importantes para el logro de tus metas. Debes cambiar tu actitud hacia el interior y creer más en ti mismo y tu conciencia, en tus fortalezas y capacidades.

C. La puntuación más alta en la columna C significa que tienes una tendencia a la orientación "externa-posibilidades" y crees que tu futuro está controlado principalmente por la suerte o las probabilidades. No tiendes a utilizar tu potencial para tratar de alcanzar tus metas puesto que crees que existen factores imprevistos que controlan el logro de las metas. Esto, llevado al extremo, puede desmotivarte y resultar un impedimento para que utilices tu potencial.

Para resumir, es mejor cultivar un equilibrio realista de las orientaciones externa e interna por el bien de la efectividad en la compañía para la que trabajas. Las afirmaciones positivas que muestran un locus de control interno son de gran ayuda para liberar las energías latentes de tu campo sicológico, las cuales son esenciales para que alcances el éxito personal y en tu empresa. Sigue el consejo de Bernard Edmond:

Soñar cualquier cosa que quieras soñar,
esa es la belleza de la mente humana
hacer cualquier cosa que quieras hacer,
esa es la fortaleza de la voluntad humana
confiar en ti mismo para probar tus límites,
ese es el valor para tener éxito.

■♦■

¿Eres víctima de la trampa del logro?

Muchas personas buscan guía o terapia debido a la desilusión que comienza a emerger en su interior algunos años antes de la edad del retiro. Esta suposición silenciosa las lleva a la ansiedad y la depresión y se relaciona con su valor menguante debido al final de su carrera. Se sienten amenazadas y desean volver a sentir la sensación de estar en la cima. El siguiente es el caso de Rajiv.

Rajiv es un hombre de cincuenta y ocho años con una historia de cambios de humor destructivos y maniáticos y depresiones que lo incapacitaban. Cuando era niño, sus padres le repetían una y otra vez que su destino era que su profesión fuera extraordinaria, así que siempre sintió que debía ser el número uno. Con el tiempo sí hizo una contribución extraordinaria en su área de trabajo y se ganó muchos premios. Pero, a medida que su desorden de comportamiento se volvió más severo, Rajiv comenzó a tener episodios en los que su comportamiento era tan extraño y destructivo que fue necesario hospitalizarlo en varias ocasiones. Tiempo después, la compañía para la que trabajaba lo forzó a un retiro temprano. Veinte años de logros se fueron a la basura. Se volvió enfermo de depresión. Sin embargo, volvió a trabajar como empleado en una compañía pequeña.

Durante las sesiones de sicoterapia que se realizaron para su tratamiento descubrieron que el punto crucial de su depresión estaba bien definido. Perdió el ánimo en la vida porque su profesión ya no le retribuía en cuestión del dinero y el prestigio que experimentó antes. A pesar de que había disfrutado desempeñar el papel de un joven carismático, ahora se acercaba a los sesenta años y se sentía solo y demasiado viejo. Puesto que creía que la única manera de lograr la felicidad personal verdadera era a través de logros excelentes y creativos, estaba seguro de que su estrecha carrera y su modesto estilo de vida hacían que valiera menos.

Igual que el de Rajiv, hay millones de casos de víctimas de la Trampa del Logro en todo el mundo. Esta actitud está en el corazón de la cultura occidental y de la ética del trabajo protestante. Aunque puede sonar inofensiva, en realidad derrota a la persona, es errática y maligna. Las exageradas preocupaciones de Rajiv en cuanto a sus logros son muy comunes entre los hombres, quienes son especialmente vulnerables ante las cuestiones del fracaso laboral puesto que, desde la infancia, se les ha programado para medir su valía en relación a sus logros. ¿Tú también mides tu valía con respecto a tus logros?

Responde al siguiente cuestionario y reflexiona sobre tu sistema de creencias a este respecto. Contesta de manera honesta y espontánea. ¿Estás de acuerdo o en desacuerdo con las siguientes oraciones? Utiliza la siguiente escala para responder:

Totalmente de acuerdo	:	0
Un poco de acuerdo	:	1
No lo sé	:	2
Un poco en desacuerdo	:	3
Totalmente en desacuerdo	:	4

1. "Mi valor como ser humano es proporcional a lo que he logrado en mi vida laboral".
2. "Después de mi retiro no seré capaz de ejercer el poder y la independencia económica que tengo ahora y seguramente eso me hará sentir como un objeto usado que está listo para la basura".
3. "Toda persona que tiene logros en la vida es valiosa simplemente por sus logros".
4. "Si mi profesión es más ambiciosa que la de un viejo amigo de la escuela al que vuelvo a ver en una fiesta, automáticamente asumo que tengo más valía que él".

5. "¿Cómo puedo tener autoestima si mi valía no proviene de mi éxito o aprobación?".
6. "Si dejo de creer en que el éxito aumenta mi valor personal, ¿qué caso tendría entonces hacer cualquier cosa?".
7. "No existe un *propósito* y *significado* en la vida sin el concepto de valía".
8. "Un niño que casi no tiene logros, o una persona anciana o enferma, o cuando alguien está relajado o durmiendo, tiene muy poco valía".
9. "Mi felicidad y satisfacción dependen únicamente de mis logros que me hacen sentir valioso".
10. "A pesar de todos mis pensamientos, me siento mal conmigo mismo cuando no hago algo bien".
11. "La gente verdaderamente feliz es la que está hasta arriba, los directores".
12. "Si no soy el mejor significa que la gente no me pondrá atención".
13. "*No a todo* el mundo le gusta mi desempeño en el trabajo, lo cual prueba mi falta de valía".
14. "¿Cómo puedo disfrutar de mi trabajo si no soy el mejor?".
15. "Si fuera *más* famoso y talentoso tendría *más* admiradores. ¿Cómo puedo ser feliz en el anonimato cuando los trabajadores de renombre tienen carisma y todo el mundo los conoce?".
16. "Siento que no puedo recibir halagos y amor del sexo opuesto hasta que no me convierta en un talento famoso".

Puntuación

Suma las puntuaciones de todas las oraciones.

Análisis.

42 o más: Tu visión de la vida es realista y sensata. Sabes que la desventaja de ser un obsesivo del éxito es más fuerte que las ventajas. Entiendes que la mayoría de las personas son amadas, felices y respetadas a pesar de no ser muy conocidos ni ser celebridades. Por lo tanto, no puede ser que la felicidad y la valía se deriven sólo de los grandes logros. No eres un adicto al trabajo y te gusta tener un equilibrio y sinergia en la vida, con una actitud sana y plena hacia ella.

De 21 a 41: Tiendes a ser moderado en tu interpretación de los logros en la vida. Sabes que no puedes medir experimentalmente la valía de la gente, así como sus logros, para descubrir que en realidad son iguales. Para ti, la valía es la valía y los logros son los logros, ambas son diferentes palabras con significados diferentes.

De 1 a 10: Tristemente, ¡estás atrapado en la trampa de los logros! Todavía no entiendes que la felicidad no necesariamente depende del éxito puesto que éste no garantiza la felicidad. Los dos son diferentes y no están relacionados por la causalidad. Deja de esperar un milagro. Debido a que tus pensamientos son la verdadera llave de tu estado de ánimo, y no el éxito, la emoción de la victoria se desvanece pronto. "Los viejos logros pronto pasan de moda y comienzas a sentirte vacío y aburrido mientras contemplas el estante de tus trofeos", dice David Burns, un reconocido siquiatra de la Universidad de Pensilvania.

Tiendes a hacer un esfuerzo extra en tu profesión porque estás convencido de que así obtendrás cantidades extra de valía y, por lo tanto, considerarás que eres una persona más agradable. Puedes esforzarte más y más por ganar y, en consecuencia, te gustarás más. Esencialmente, tu ética de trabajo permite que sientas que has ganado valía personal y el *derecho a* sentirte feliz, y este sistema de creencias puede hacerte sentir motivado para producir. Pero, ¿has visto el otro lado de la moneda? ¿Cuáles son las desventajas de tu adicción al trabajo y tu lema "la valía es igual al logro"? ¿No sientes que tu forma de trabajar te preocupa tanto que, sin darte cuenta, puedes alejarte de otras fuentes potenciales de satisfacción y gozo al esclavizarte desde que te levantas hasta que te acuestas? A medida que te obsesionas más con el trabajo sientes un fuerte impulso por producir porque, si no logras mantener el ritmo, experimentas un fuerte *síndrome de abstinencia* caracterizado por un vacío interno y desesperanza. En la ausencia del logro te sientes inútil y aburrido porque no *tienes otras* bases de respeto por ti mismo y plenitud. Además, si tu familia sufre por tu descuido se puede crear cierto resentimiento. Es posible que no lo externen durante un tiempo, pero tarde o temprano te pasarán la factura: su frialdad, lo cual te lleva a una verdadera carencia de autoestima.

Reflexiona de nuevo durante un tiempo —tus nervios pueden estar constantemente alterados— ¿sentirías respeto y amor por ti mismo si experimentaras un fracaso importante en tu profesión? Como sucede con cualquier otra adicción descubrirás que necesitarás dosis cada vez más fuertes de tus "alas" para poder "volar". Este fenómeno de tolerancia sucede con el alcohol, las drogas y las pastillas para dormir, también con la riqueza, la fama y el éxito. Todo esto pasa porque, a medida que alcanzas cierto nivel, vas estableciendo expectativas cada vez más altas. ¡La emoción se desvanece pronto! Entonces entiende de una vez —el éxito no garantiza la felicidad. No son cosas idénticas y no están relacionadas causalmente. Establece una perspectiva realista de la vida. Sé realista y coopera para experimentar los placeres sencillos de la vida como expresó Shakespeare: ¿Para qué queremos esta vida si las preocupaciones no nos dejan detenernos a contemplarla?

■♦■

¿Eres un ganador?

Las batallas de la vida no siempre favorecen
al hombre más fuerte o más veloz,
pero tarde o temprano el hombre que gana,
es aquél que ¡PIENSA QUE PUEDE HACERLO!

Y San Francisco de Asís dijo: "Comienza por hacer lo que es necesario, después lo que es posible, y de pronto estarás haciendo lo imposible". Las estrategias ganadoras como estas son muy productivas en la vida de las personas de éxito en diferentes campos. Un ganador nace con un esquema mental positivo. Se han llevado a cabo muchas investigaciones para explorar la dinámica del fracaso y del éxito. Hay historias de ganadores que demuestran que invariablemente compartían ciertas características y rasgos de personalidad, sin importar la época de la historia que representan. El éxito deja pistas, que al seguirlas se vuelven en estrategias ganadoras a prueba de tontos. Por otro lado, el fracaso es tan sólo el resultado de cometer varias veces unos cuantos errores.

¿Eres un ganador? Responde al siguiente cuestionario para averiguarlo.

Preguntas

Responde Sí o No a las siguientes preguntas. Marca a o b cuando se te den alternativas.

¿Por lo general sueles:

1. Comenzar tu día leyendo o escuchando algo positivo a primera hora de la mañana?
2. Utilizar expresiones como "El problema es que..." al comenzar una oración?
3. Enfrentar tareas desafiantes y difíciles con la actitud de:
   a) "Puede que sea difícil pero es posible".
   b) "Puede que sea posible pero es muy difícil".
4. Reaccionar ante los errores que cometes en tu trabajo con
   a) "Me equivoqué".
   b) "No fue culpa mía".
5. Soñar con tus aspiraciones y hacer tu mejor esfuerzo para cumplirlas?
6. Decir la siguiente expresión en tu trabajo:
   a) "Ese no es asunto mío"
   b) "Déjame hacerlo por ti".
7. Sentirte parte del equipo dentro de tu empresa?
8. Enfrentar un trabajo desafiante:
   a) Viéndole las ventajas?
   b) Viéndole las dificultades?
9. Enfrentar las situaciones competitivas en tu trabajo con un enfoque de:
   a) "Ganar/ Ganar".
   b) "Ganar/ Perder".
10. Usar:
    a) Argumentos fuertes con palabras suaves?
    b) Argumentos suaves con palabras fuertes?
11. a) Mantener firmes tus valores?
    b) Ser transigente con tus valores?
12. Tratar a los demás con la filosofía de:
    a) "No hagas a otros lo que no quieres que te hagan a ti".
    b) "Hazlo a los demás antes de que te lo hagan a ti".
13. Planear y prepararte para ganar usando la palabra clave "preparación"?
14. Tener el hábito de decirte "yo lo hago ahora"?

15. Sentir gratitud y expresarla?
16. Seguir un programa continuo de educación poniéndote al día de los últimos conocimientos y tecnologías?
17. Construir una autoestima positiva?
18. Mantenerte alejado de las influencias negativas?
19. Tener una excusa por no hacer lo que era necesario hacer?
20. Encontrar una respuesta para cada problema?
21. Hacer una lista de cosas que te gustaría cambiar de ti mismo?
22. a) Buscar oportunidades en tu vida laboral?
    b) Buscar seguridad en tu vida laboral?

Puntuación

Da un punto por cada respuesta correcta.

1, 3a, 4a, 5, 6b, 7, 8a, 9a, 10a, 11a, 12a, 13, 14, 15, 16, 17, 18, 20, 21, 22a –"**Sí**".

2 y 9 –"**No**".

Interpretación

Si tu puntuación está entre:

15-22: ¡Aplausos! ¡Eres un experto en el arte de ganar! ¡Eres un ganador!

8-14: A menudo te llevas una tajada de la victoria. Trabaja en ello para tener más éxito en tu cometido.

1-7: Todavía te falta aprender a adquirir los métodos necesarios para llevar cambios efectivos en tu pensamiento y tu estilo de trabajo. Sigue el consejo de William James de la Universidad de Harvard: "Si vas a cambiar tu vida, debes empezar de inmediato y hacerlo de manera ostentosa". ENTONCES, haz un esfuerzo consciente, comprométete contigo mismo y sobresaldrás como ganador.

■♦■

¿Te preocupas por la gente?

En palabras del antiguo Secretario de Agricultura de Estados Unidos y reconocido líder religioso, Ezra Taft Benson: "Muchos consideramos que el orgullo es un pecado de quienes están en la cima, como los ricos y los cultos que miran al resto por encima del hombro. No obstante, hay un mal muy común entre nosotros —y es el orgullo de los de abajo mirando hacia arriba. Se manifiesta de tantas maneras como encontrar culpables, chismear, traicionar, vivir más allá de nuestras posibilidades, envidiar, codiciar, ocultar gratitudes y elogios que pueden ayudar a otros, y no perdonar y ser celosos".

En el lado contrario está la humildad de darnos cuenta de que no somos un ser aislado, que la calidad de nuestra vida está inminentemente conectada a la calidad de la vida de los demás, que la intención no está en consumir y competir, sino en contribuir, y mientras más comencemos a valorar los principios y a la gente, más grande será nuestra paz, que es esencial para que vivamos de manera efectiva. Vivir de manera efectiva o estar en paz con uno mismo es una búsqueda que dura toda la vida. No obstante, mientras más ansiamos estas virtudes, parecen más escurridizas. Pero mientras más alineemos nuestras vidas "dando" paz a los demás, más, más viene de regreso a nosotros. Como dijo Emerson: "Nada puede darte paz mas que tú mismo. Nada puede darte paz mas que el triunfo de los principios".

Reflexiona sobre las siguientes oraciones y responde con "sí" o "no" a cada oración para medir tu nivel de preocupación por los demás.

1. ¿Limitas tu seguridad sólo a tu zona de confort y estás encadenado a tus planes y horarios?
2. ¿Das más importancia a las personas que a tus itinerarios?
3. ¿Eres de las personas que no hace comparaciones, compite o critica?
4. ¿Los demás pueden confiar en que eres honesto, directo, no juzgas y no manipulas, en que te comprometes a algo y lo cumples y que perdonas rápidamente?
5. ¿Te es más gratificante trabajar con los demás para compartir su punto de vista más que hacer las cosas a tu modo para los demás?
6. ¿Estás en una búsqueda continua por descubrir, entender y aprender de tus experiencias?
7. ¿Canalizas tu tiempo y energía en dar más que recibir, y buscas mejorar la calidad de vida de los demás y la tuya?
8. ¿Tienes cuidado de adquirir conscientemente nuevas habilidades y capacidades para trabaja con los demás y así ofrecer una producción interdependiente de alta calidad?
9. ¿Desarrollas un sistema sicológico inmune para no ser sorprendido por enfermedades, problemas financieros o decepciones, y posees los medios para reestablecerte?
10. ¿Te esfuerzas por crear un sistema inmune en tu equipo de trabajo y en tu organización?
11. ¿Trabajas hasta que te sientes agotado, gastas hasta que te quedas sin crédito o te involucras en tantos proyectos hasta quedarte sin tiempo?
12. ¿Centras tu esfuerzo cuando tu energía y creatividad están al máximo y te tomas un tiempo para distraerte?
13. ¿Por lo general te mantienes activo física, social, mental y espiritualmente, y llevas una vida plena e integrada?
14. ¿Tu seguridad proviene de tu interior, de centrar tu vida en tus principios y en tu conciencia, más que del trabajo, las asociaciones, el reconocimiento, las posesiones, el estatus o cualquier otro factor externo?
15. ¿Irradias energía positiva al ver las posibilidades y neutralizar las fuerzas de energía negativa gracias a tu estilo optimista y positivo?

16. ¿Tiendes a condenarte, a condenar tus errores tontos o disparates sociales quedándote absorto pensando en el pasado o soñando con el mañana?
17. ¿Existe algo que piensas que podrías hacer para marcar una diferencia en la vida de la gente que te rodea?
18. ¿Te das la libertad de trabajar primero en lo primero dejando pasar otras cosas y concentras tu tiempo y esfuerzo en las más importantes?

Puntuación

Da un punto por cada respuesta correcta.

Preguntas número 2, 3, 4, 5, 6, 7, 8, 9, 10, 12, 13, 14, 15, 17, 18 = **Sí**.

Preguntas número 1, 11, 16 = **No**.

Análisis

a) **Puntuación de 13 a 18.** Tienes una personalidad orientada al bien de las personas. Ves la vida como una aventura. Tu seguridad no está en tu zona de confort sino en tu brújula —tu talento humano que te permite navegar confiadamente en terrenos desconocidos. Eres capaz de separar a la gente del problema. También te inclinas por la ayuda y llevas una vida equilibrada, no trabajas en exceso. En ti no existen dualidades ni hipocresías. Posees la habilidad de hacer promesas, para ti y para los demás, y mantenerlas.

b) **Puntuación de 7 a 12:** Posees talento natural para actuar en armonía con los principios que crean paz y calidad de vida para ti y para los demás. Disfrutas más de la vida y tienes una vida interior rica. Te centras en las cosas donde puedes hacer algo e intentas mejorar cualquier situación en la que estés implicado. Continuamente aprendes de tu experiencia.

c) **Puntuación de 1 a 6:** No estás en paz contigo mismo ni con la gente a tu alrededor. El resultado de décadas de experiencia en sicoterapia, actitud mental positiva y desarrollo de la creatividad dan valor a la inutilidad de intentar alcanzar la paz y una calidad de vida a largo plazo sin el elemento crucial de la conciencia. Debemos convertirnos en el cambio que buscamos en la vida. Al desarrollar la capacidad de escuchar a tu conciencia y planear y organizar para hacer primero las cosas más importantes, todos podemos hacer muchas contribuciones de manera individual y combinada que actualmente están quedándose en el camino. Te pido que conectes profundamente con tu conciencia durante un momento y te hagas la siguiente pregunta: "¿Hay algo que sienta que puedo hacer para marcar una diferencia en mi equipo de trabajo, en la compañía y en mi sociedad de manera positiva?" Una vez que tengas la respuesta, haz que tu decisión sea una realidad.

■◆■

¿Trabajas con espiritualidad científica en tu ambiente de trabajo?

El hombre moderno, apurado por conseguir riqueza, fama y placer no tiene ni el tiempo ni la inclinación para escuchar la "melodía sinfónica" que vibra dentro de su ser. Varios grupos, en diferentes partes del mundo, llevan a cabo diversos experimentos sistemáticos en el campo de la espiritualidad científica. El resultado de las etapas preparatorias de la meditación ha producido cambios importantes en el ambiente de trabajo y a nivel personal de quienes la practican, como: a) notable reducción en los niveles de estrés, b) aumento de la efectividad personal, c) mejoramiento en los niveles de calidad y productividad en el trabajo, etcétera. Además, con la conciencia del "aquí y ahora", el manejo del tiempo se administra mejor; aumentan la capacidad de aprender y el poder de la memoria; se desarrolla una actitud positiva ante la vida y aumenta la calidad de las relaciones interpersonales. La sanación de la mente y el cuerpo se da de manera natural y mejora la salud a todos los niveles. Además de todo esto, los multiplicados niveles de paciencia, perdón, tranquilidad, paz y gozo tienen mayor duración. Y con todo ello, el entendimiento del comportamiento humano en cualquier situación se vuelve más sencillo.

Para obtener estas y muchas otras habilidades en tu trabajo y en tu vida, ¿estás haciendo un esfuerzo para aumentar tu experiencia en ciertas dimensiones espirituales? Contesta el siguiente cuestionario para averiguarlo.

Responde a las preguntas encerrando en un círculo la respuesta: "Casi siempre", "Algunas veces", "Nunca".

¿Te esfuerzas por desarrollar una comprensión intensa y clara de la manera en que tu mente funciona y rige tus patrones de comportamiento? ¿Te esfuerzas por:

1. Evitar apresurarte y preocuparte cuando estás ocupado en tu trabajo? Casi siempre/ Algunas veces/ Nunca.
2. Jamás desperdiciar un solo momento de tu día? Casi siempre/ Algunas veces/ Nunca.
3. Nunca lamentarte o arrepentirte y sabes que todo arrepentimiento es un nuevo error? Casi siempre/ Algunas veces/ Nunca.
4. Fluir con tu propia naturaleza y dejar que los demás fluyan con libertad de acuerdo a la naturaleza de cada uno? Casi siempre/ Algunas veces/ Nunca.
5. Constantemente reírte de manera sana y la mayoría de las veces es de ti mismo? Casi siempre/ Algunas veces/ Nunca.
6. Aprender de tu superiores y de quienes tienen un nivel inferior al tuyo, de los sabios y de los tontos? Casi siempre/ Algunas veces/ Nunca.
7. Escuchar con atención a los demás y en tu mente no hay ningún otro proceso de pensamiento? Casi siempre/ Algunas veces/ Nunca.
8. Sentarte en silencio frente a un guía espiritual y asimilas la energía espiritual de fortalecer tu psique? Casi siempre/ Algunas veces/ Nunca.
9. Nunca reprimir tus emociones? Casi siempre/ Algunas veces/ Nunca.
10. Ocuparte graciosamente de la humillación despojándola del dolor e insulto infinitos con tan solo levantar una ceja? Casi siempre/ Algunas veces/ Nunca.
11. Actuar de manera impecable en cada momento de acuerdo a la situación? Casi siempre/ Algunas veces/ Nunca.
12. Mezclarte libremente con los demás sin perder la confianza en ti mismo o tu singularidad? Casi siempre/ Algunas veces/ Nunca.
13. Cultivar un sentimiento de amor y ternura hacia todas las criaturas cósmicas? Casi siempre/Algunas veces/Nunca.

14. Perder tu propia importancia y sumergirte en el amor universal reduciéndote a cero? Casi siempre/ Algunas veces/ Nunca.
15. Nunca permitirte juzgar a los demás? Casi siempre/ Algunas veces/ Nunca.
16. Descubrir lo que más deseas hacer y hacerlo? Casi siempre/ Algunas veces/ Nunca.
17. Conocer el propósito de tu vida y su misión, y en todo momento actuar en consecuencia? Casi siempre/ Algunas veces/ Nunca.
18. Aprender el arte de mantener siempre silencio interior en medio de la cacofonía que existe en el mundo? Casi siempre/ Algunas veces/ Nunca.
19. Vivir en la sociedad consciente de que la sociedad no vive en ti? Casi siempre/ Algunas veces/ Nunca.
20. Permanecer en un estado de valentía? Casi siempre/ Algunas veces/ Nunca.
21. Involucrarte en la tarea a realizar inmediatamente? Casi siempre/ Algunas veces/ Nunca.
22. Crear tu propia realidad, tus creencias a partir de tus experiencias? Casi siempre/ Algunas veces/ Nunca.
23. Darte cuenta de que nada depende de la casualidad y todo depende de tu elección? Casi siempre/ Algunas veces/ Nunca.
24. Recordar que para vivir plenamente y lograr tu más alto potencial en el trabajo, debes estudiar la ciencia espiritual junto con tu educación formal? Casi siempre/ Algunas veces/ Nunca.
25. Recordar que lo que ves en cualquier momento es sólo una parte de la verdad, sólo una dimensión de ella? Casi siempre/ Algunas veces/ Nunca.
26. Recordar que eres único y naciste para crecer y desarrollarte? Casi siempre/ Algunas veces/ Nunca.

Puntuación

Da la siguiente puntuación a tus respuestas:

Casi siempre: 2 puntos.

Algunas veces: 1 punto.
Nunca: 0 puntos.

Interpretación

Tu nivel de espiritualidad científica:

De 35 a 52: Excelente
De 18 a 34: Bueno
De 1 a 17: Malo

■♦■

Tu cociente de conocimiento de temas multiculturales

Las compañías de hoy en día necesitan herramientas con las cuales explorar la disposición y la habilidad de sus empleados en cuanto al funcionamiento efectivo dentro de un contexto multicultural. Esto les permite considerar otros puntos de vista desde la perspectiva de otras culturas. También proporciona una introspección referente a temas de diversidad y suposiciones implícitas y prejuicios que de otra manera quedarían sin revisar. Muchas organizaciones llevan a cabo entrenamientos de diversidades con respecto a lo anterior, sin conocimiento suficiente de las condiciones preexistentes. El entrenamiento de diversidades puede ser volátil si se le da el enfoque incorrecto.

El siguiente cuestionario de opción múltiple te permite medir a ti y a tus empleados en este contexto. Encierra en un círculo la respuesta correcta a las siguientes preguntas. No se espera que sepas todas las respuestas; en el caso de las respuestas que no sepas, elije la que creas que es la correcta.

1. Las mujeres que toman empleos tradicionalmente realizados por hombres se enfrentan a dificultades porque:
   a) No están acostumbradas al trabajo.
   b) Es necesario aumentar sus habilidades.
   c) Los compañeros varones las mantienen a un lado.
   d) Son distraídas por el ambiente dominado por los hombres.

2. El término favorito y más utilizado en leyes y en la vida diaria es:
   a) Persona con un reto físico.
   b) Persona con incapacidad.
   c) Minusválido.
   d) Lisiado.

3. La teoría del "techo de cristal" de la vida organizacional se refiere a:
   a) El efecto de la luz indirecta sobre la motivación del empleado.
   b) Las grandes expectativas pero frustrantes límites que las mujeres y las minorías experimentan en los ascensos.
   c) La contratación de niveles básicos y empleadas con la obvia oportunidad de ascensos futuros basados en su rendimiento.
   d) La sensación que muchas minorías y mujeres experimentan al estar constantemente observados y supervisados por los de arriba.

4. Una de las quejas más comunes de los empleados con condiciones de minusvalía es:
   a) Que sus compañeros están cuidándolos constantemente.
   b) Que son tratados como si fueran invisibles.
   c) Que les piden que hagan tareas que están fuera de sus capacidades.
   d) Que constantemente les preguntan sobre su condición física.

5. De quienes gozan de la baja por paternidad, cuidado infantil y horario flexible:
   a) El 90 por ciento son mujeres y el 10 son hombres.
   b) El 60 por ciento son mujeres y el 40 son hombres.
   c) El 75 por ciento son mujeres y el 25 son hombres.
   d) El 50 por ciento son mujeres y 50 son hombres.

6. Los programas de acción afirmativa están diseñados para:
   a) Dar preferencia a los candidatos femeninos y minorita-

rios que puedan estar menos calificados que los hombres para hacer trabajos físicos en la fuerza de trabajo.

b) Abrir acceso a los empleados potenciales que hayan sido excluidos de la competencia equitativa por el empleo dentro de determinadas organizaciones.

c) Cumplir con una cuota determinada de mujeres y minorías en una organización.

d) Que las organizaciones consideren más afirmativamente a las mujeres y minorías que a los hombres en las evaluaciones de trabajo.

7. Cuando los empleados tienen buena capacidad de comunicación, los equipos de trabajo han demostrado que son más creativos y productivos cuando están compuestos por gente que:
   a) Proviene de la misma área de especialización profesional.
   b) Tiene estilos similares de trabajo y comunicación.
   c) Proviene de antecedentes culturales similares.
   d) Proviene de antecedentes educacionales similares.
   e) Ninguna de las anteriores.

8. Entre los costos que los directores y sus empleados tienen que pagar por supervisar y comunicar las críticas y los halagos a las empleadas o a los que pertenecen a la minoría está:
   a) Limitar la habilidad del empleado para contribuir a la organización.
   b) Un aumento en el cambio de la discriminación.
   c) Apoyo de algunos varones que acusan a la organización de trato injusto para las mujeres y minorías.
   d) Mayor probabilidad de que la empleada o la persona que pertenece a la minoría falle.
   e) Todas las anteriores.

9. Los indicadores no verbales en las entrevistas de la gran motivación del empleado son sonreír, gesticular, contacto ocular e intercambio verbal animado:
   a) Cierto.
   b) Falso.

10. Uno de los factores citados más frecuentemente que las mujeres y las minorías han indicado que les han sido útiles para su avance a los niveles de dirección dentro de la compañía ha sido:
    a) La necesidad de llenar una cuota de minoría.
    b) Ser considerado el candidato mejor calificado para el puesto.
    c) Tener la mayor experiencia.
    d) Haber sido alumno de importantes líderes de la organización.

Puntuación

Pregunta	Respuesta correcta
1.	C
2.	B
3.	B
4.	B
5.	B
6.	B
7.	E
8.	E
9.	B
10.	D

Interpretación

7 o más: Excelente
De 4 a 6: Bueno
De 1 a 3: Pobre.

■◆■